# *Autorrealização pelo Amor*

I. K. TAIMNI

# *Autorrealização pelo Amor*

*BHAKTI-SŪTRA-S* DE *NĀRADA*, COM TEXTO EM SÂNSCRITO, TRANSLITERAÇÃO E COMENTÁRIOS

Editora Teosófica
Brasília-DF

Edição em inglês, 2003.
The Theosophical Publishing House
Adyar, Chennai, Índia.

*Autorrealização pelo Amor*
I.K. Taimini


EDITORA TEOSÓFICA
SGAS Quadra 603, Conj. E, s/nº
70.200-630 - Brasília-DF - Brasil
Tel.: (61) 3322-7843
Fax: (61) 3226-3703
E-mail: editorateosofica@editorateosofica.com.br
Site: www.editorateosofica.com.br

T 129 **I. K. TAIMNI**

***Autorrealização pelo Amor***

Brasília, junho 2011
ISBN: 978-85-7922-004-3

CDD 180

**Capa:** Chico Régis
**Diagramação:** Reginaldo Mesquita
**Tradução:** Grupo de Trabalho Annie Besant
**Revisão :** Andréa Dias de Mendonça Resende
**Impressão:** Grafika Papel e Cores

# *Prefácio*

Diversos caminhos alternativos podem ser trilhados para se atingir a união com Deus, ou Autorrealização, como é geralmente conhecida. O caminho da devoção ou amor, chamado *bhakti-mārga* em sânscrito, é, em geral, considerado uma alternativa ao caminho do conhecimento, ou *jñāna-mārga,* tratado nos *Yoga-sūtra-s* de Patañjali. *Karma-mārga*, ou caminho da ação, é considerado subsidiário a ambos, pois se destina a purificar a mente, evitar a geração de futuro *karma* e atenuar o sentimento de egoísmo, provendo a necessária autodisciplina para colocar a mente em condição apropriada à prática do *yoga* por qualquer dos métodos.

Os assim chamados diferentes sistemas de *yoga* não são realmente métodos independentes e autossuficientes para o atingimento da Autorrealização, como em geral se supõe. Devem, antes, ser considerados como diferentes ramos da abrangente Ciência do *Yoga*, cada sistema pondo mais ênfase em determinada técnica do que em outras. Além disso, quem está trilhando o caminho do *yoga* pode adotar uma ou outra dessas técnicas numa determinada ocasião, segundo suas necessidades individuais e a fase evolutiva pela qual estiver passando naquele momento.

O ponto importante que há de se ter sempre em mente é que o caminho do desenvolvimento espiritual não é uma trilha batida que todos têm que seguir para atingir sua meta. "Cada homem é para si o caminho, a verdade e a vida", e a senda que seguir se desenvolverá a partir de seu interior à medida que avançar, segundo a sua singularidade individual e o papel que lhe está destinado representar no Plano Divino num futuro distante.

O *Bhakti-sūtra-s* de *Nārada* esboça alguns dos traços mais característicos do caminho da devoção ou amor, sendo considerado uma espécie de manual para aqueles que desejam realizar Deus através do poder do amor. Ele não trata do assunto com a maestria que é evidente em tratados como *Yoga-sūtra-s* e *Śiva-sūtra-s*, mas dá uma ideia geral, razoavelmente boa, do caminho da devoção, e é de grande auxílio àqueles que desejam orientação e procuram informação sobre o assunto nos estágios iniciais de seu desenvolvimento.

Aos emotivos por natureza, o *bhakti-mārga* é particularmente adequado. Não se deve concluir, contudo, que o cultivo da devoção seja importante somente aos de temperamento emocional, e que aqueles que estão trilhando a senda do conhecimento possam dispensá-lo. A natureza visa à perfeição global da individualidade, e isto significa que todos os aspectos da natureza humana devem ser desenvolvidos em algum momento, na série de vidas pela qual o indivíduo passa a caminho da Autorrealização e Liberação. A predominância de um temperamento emocional numa determinada vida significa apenas que nela o indivíduo desenvolverá mais facilmente suas potencialidades espirituais através de sua natureza emocional.

A devoção transcende os aspectos inferiores da natureza humana, os quais se expressam por emoções, pensamentos e ações; seu desenvolvimento nos estágios mais elevados não depende do limitado alcance e poder das emoções. O veículo *búdico*, ou *ānandamaya-kośa*, entra em ação nesses estágios mais elevados, e a descida de forças daquele plano dá origem a emoções refinadíssimas, de natureza tão sutil que são indescritíveis e inexprimíveis através de emoções comuns. Eis porque um devoto influenciado e frequentemente dominado por violentas emoções de amor a Deus nos estágios iniciais, torna-se tranquilo, autocontrolado e reservado quando nos estágios posteriores.

O verdadeiro significado da palavra *'bhakti'* difere dos vocábulos 'amor' e 'devoção', geralmente empregados em português na tradução do termo sânscrito. A palavra 'amor' apresenta uma ampla gama de conotações e passou a ser usada muito livremente nos tempos atuais. Em sua mais pura e elevada forma é um aspecto do próprio Deus, que ama todos os seres vivos e cuida de suas necessidades e evolução através do mecanismo complexo da Natureza. O amor é sua natureza transcendental. Eis a razão pela qual sentimos o amor impregnando toda a vida e expressando-se de diferentes maneiras através de todas as criaturas vivas.

Apesar de o amor, em sua forma mais elevada e essencial, ser sagrado e estar associado as mais refinadas experiências da vida, sua expressão em formas inferiores e brutas nos reinos animal e humano levou a sua vulgarização e aviltamento. Tanto é assim, que um grande número de pessoas, mesmo inteligentes, em sua procura cega por prazeres, tem considerado o amor quase como sinônimo de paixão sexual. A palavra *'bhakti'* nada tem a ver com essas formas inferiores de amor, quer no reino animal quer no humano, associadas ou não com sexo. É usada somente para aquele amor que o homem sinta por Deus, em abstrato, ou pelos seres divinos, considerados representações simbólicas ou encarnações de Deus.

A fim de compreender inteiramente o significado do amor, temos que diferenciar as três formas pelas quais a devoção geralmente é expressa: 1) devoção a uma causa; 2) devoção a um indivíduo e 3) devoção a Deus.

A devoção a uma causa é muito comum. Encontramos em toda parte pessoas participando de movimentos lançados para promover uma causa. Devoção desse tipo dependerá logicamente da natureza da causa que se procura promover. Se a causa for boa e benéfica e promovida por pessoas de natureza moral e espiritual adequadamente desenvolvida, a devoção produzirá resultados que trarão felicidade ou benefícios de várias espécies para um grande número de pessoas, desenvolvendo, enquanto se processa, as potencialidades espirituais daqueles que nela estiverem envolvidos. Mas se a causa for má e conduzida por pessoas sem perspectiva moral e espiritual, inclinadas a adotar métodos cruéis e inescrupulosos, então a devoção pode tornar-se um meio de infligir enorme sofrimento em larga escala. A história e o curso de muitos movimentos baseados em ideologias demonstram claramente a verdade desta afirmação.

A devoção a uma pessoa, embora de alcance não tão extenso, também depende da natureza e motivação do devoto e do indivíduo a quem a devoção é dirigida. No campo da política ou negócios, na maior parte dos casos associados ao poder e ao dinheiro, não se trata de devoção real, mas simples autointeresse mascarado. Onde a devoção é livre desses vícios e baseada no apego a uma pessoa com atributos intelectuais, morais e espirituais, ela tem um certo mérito, que é ao mesmo tempo digno e admirável. Mas o perigo inerente a esse tipo de devoção é que ela tende a circunscrever a mente, podendo até mesmo aprisioná-la, privando-a de sua capacidade de refletir e ponderar sobre ideias e problemas da vida com liberdade, sem preconceitos ou predileções. Se o indivíduo é devotado a um instrutor religioso ou espiritual, por exemplo, sua mente pode ficar tão condicionada pelos seus ensinamentos, que o torne praticamente incapaz de ver e apreciar outros aspectos da verdade, igualmente importantes. Esse tipo de devoção pode também restringir a esfera de interesses e atividades do devoto a uma faixa extremamente limitada. *Āśrama-s*[1] de instrutores religiosos espalhados pela Índia estão cheios dessa espécie de indivíduos, cuja vida tem sido "engaiolada, refreada e confinada" dentro de quatro paredes, deliberadamente levantadas por aqueles que desejam isolar seus seguidores do mundo externo, por medo de perdê-los.

A devoção a uma causa, ou a um indivíduo, além de suscetível a defeitos de várias espécies, geralmente limita muito a liberdade da mente e de ação do devoto e o impede de desenvolver completamente suas potencialidades mentais e espirituais. Somente a devoção a Deus está livre desses vícios e perigos, tendo também a força e o poder de desenvolver *ad infinitum* as potencialidades

[1] *Āśrama* (Sânscrito) – Um edifício sagrado, mosteiro ou ermida para fins ascéticos. Cada seita da Índia tem seus *Āśrama-s*. Glossário Teosófico, Helena P. Blavatsky. Editora Ground, 1995. (N.E.)

espirituais e divinas, ocultas no coração de todo ser humano. Ademais, por ser dirigida a uma fonte de infinito amor e infinitas bênçãos, ela pode trazer como resposta um poder espiritual tal, que modifique completamente a vida do devoto. Eis porque a devoção a Deus, preferencialmente a outras formas de devoção, é enfatizada nos *Bhakti-sūtra-s* (aforismo 81). Mesmo a devoção a um instrutor espiritual não deve ser dirigida à personalidade, mas a Deus, que nele reside. *Iśvara*[2] é o verdadeiro guru de todos os aspirantes e devotos, como é realçado no seguinte aforismo dos *Yoga-sūtra-s*: "Não estando condicionado pelo tempo, Ele é o Instrutor até mesmo dos Antigos" (I-26).

Ainda que haja muitas religiões no mundo, cada qual servindo como um guia de conduta para seus seguidores, é necessário lembrar a natureza essencial e o propósito da religião na vida humana, que é tornar claros os meios de encontrar Deus. As concepções de Deus podem variar, os caminhos e as disciplinas podem variar, mas esse propósito essencial constitui a base comum a todas as religiões. Sem esse propósito a religião não é religião, é qualquer outra coisa. Os códigos de conduta e toda a parafernália da vida religiosa constituem um meio, e não um fim em si. O fato acima deve ser reiteradamente

[2] *Iśvara* (sânscrito) – O "Senhor" ou Deus pessoal, o Espírito divino no homem. Glossário Teosófico, Helena P. Blavatsky. Editora Ground, 1995. (N.E.)

enfatizado, não só para tornar a vida religiosa mais significativa e determinada, mas também para capacitar os aspirantes a separarem o essencial do não essencial e a concentrarem-se no essencial.

A religião está relacionada mais estreitamente com o misticismo do que com o Ocultismo, e é a própria essência da vida mística. O verdadeiro místico não dá muita atenção a outras questões ligadas à vida humana, nem mesmo à natureza do universo em que ele se encontra. Seu único objeto de conhecimento e devoção é Deus, e ele persegue este objeto de maneira sincera e atenção concentrada, excluindo tudo o mais. O estudante dos *Bhakti-sūtra-s* ficará impressionado com a ausência de comentário sobre qualquer assunto, que não o da devoção a Deus, no decorrer de todo o livro. Não há nos *Bhakti-sūtra-s* menção a quaisquer questões filosóficas abstratas nem a qualquer problema de desenvolvimento de *siddhi-s*[3]. Essa concentração sincera num propósito é talvez uma das razões pela qual o caminho da devoção é muito mais eficiente que os outros no atingimento do seu objetivo. Nenhum problema filosófico a preocupar, nenhuma regra rígida de conduta a seguir, nenhum padrão estabelecido e nenhuma parafernália da vida religiosa a conformar e restringir a liberdade. Pode-se culti-

---

[3] *Siddhi-s* (sânscrito) – Literalmente: “atributos de perfeição”; poderes fenomenais que, graças a sua santidade, os iogues adquirem. Glossário Teosófico, Helena P. Blavatsky. Editora Ground, 1995. (N.E.)

var a devoção em qualquer lugar e circunstância em que se encontre.

Isso quer dizer também que o propósito da devoção a Deus não pode ser atingido a menos que o indivíduo encare o problema seriamente e esteja, de fato, inteiramente interessado. Deus não responde ao chamado dos aspirantes tíbios e preguiçosos, que desejam ter o melhor de ambos os mundos ou se contentam em ter as satisfações emocionais comuns da vida religiosa, tais como a exaltação temporária criada pelo estímulo externo de cânticos, hinos etc. Esse tipo de vida religiosa indolente não pode levar ninguém muito longe; na melhor das hipóteses, conserva o indivíduo sintonizado com o seu ideal espiritual, evitando que saia da linha por completo. Essa é a condição em que se encontra a maior parte dos aspirantes, e é dela que terão que partir para um modo de vida religiosa mais determinado e enérgico, caso sejam realmente sérios.

Posto que o desenvolvimento da devoção é necessário a todo aspirante, é de importância vital a pergunta: "Como desenvolver a devoção?". De certa maneira, o homem tem maior controle sobre sua mente do que sobre suas emoções. É mais fácil dirigir a mente para um problema de natureza intelectual e empenhar-se nele do que despertar nossas emoções e começar a sentir fortemente o amor. Assim, o aspirante que decide cultivar a devoção a Deus tem que descobrir como começar. Esse problema não foi tratado clara e satisfatoriamente nos *Bhakti-Sūtra-s*. Os passos preliminares que têm sido recomendados podem ser compreendidos e adotados somente por aqueles que estão perfeitamente familiarizados com o pensamento hindu. O ponto mais importante a se ter em mente é que o desenvolvimento da devoção não é, absolutamente, uma questão de desenvolvimento, mas de retirada de um véu, porque a Realidade, referida como Deus, já está presente no coração de cada ser humano, em seu pleno esplendor e em seu aspecto mais importante, o próprio Amor. Não há dúvida de que a presença de Deus está oculta e que o homem comum dela está inconsciente devido aos seus desejos e outras tendências humanas que mais ou menos a obscurecem. Mas o que já está presente e meramente obscurecido pode ser descoberto e revelado, desde que conheçamos os agentes obscurecedores e a maneira de removê-los.

Não é necessário abordar aqui em detalhes as tendências, limitações e ilusões humanas que obscurecem a Realidade oculta no coração de cada um, fazendo com que o indivíduo a procure em vão no mundo exterior, através de inumeráveis buscas e prazeres. O que temos que compreender claramente é que nossa verdadeira tarefa para resolver esse difícil problema consiste em trabalhar a mente, livrando-a dessas impurezas que velam a Realidade oculta no interior. À medida que a mente vai se purificando, harmonizando e libertando das várias espécies de distorções, os véus vão aos poucos se tornando mais finos, até finalmente desaparecerem, levando a uma conscientização progressiva da Realidade, que é o próprio Amor.

O propósito de toda a autodisciplina prescrita e das virtudes a serem cultivadas é produzir esse estado da mente. Quando o aspirante atinge essa finalidade e adota os meios necessários para a abertura do canal entre os níveis interno e externo do ser, o amor começa a surgir naturalmente do interior e numa dimensão cada vez maior. Pois, como se dirá mais adiante, este processo é autoalimentador. Quanto mais amamos a Deus, mais o conhecemos, e quanto mais o conhecemos, mais nosso amor por ele cresce, até que conhecimento e amor se fundem num estado de permanente conscientização daquela Realidade, que é denominada Autorrealização.

O aspirante deve examinar cuidadosamente esses dois estágios no *bhakti-mārga*. O primeiro estágio é um período de constante esforço, autodisciplina, purificação e desenvolvimento das virtudes e do estado mental requeridos para a expressão de *bhakti*. Nesse estágio, períodos de exaltação emocional e depressão seguem um ao outro, alternadamente. Mas se o aspirante persevera em seu esforço intenso e tem em seu interior a potencialidade necessária, ele passa, aos poucos, ao segundo estágio, no qual o amor a Deus começa a brotar naturalmente de seu interior, sem qualquer esforço de sua parte. O devoto é então Autossuficiente, pleno de bem-aventurança e da "Paz que ultrapassa o entendimento". (Esse estado é descrito com muita propriedade no aforismo 54.)

É necessário distinguir esses dois estágios, porque enquanto o segundo não tiver sido atingido, o devoto não poderá se permitir relaxar em seus esforços para cultivar os estados mais profundos de amor. Muitíssimos aspirantes começam a imaginar que atingiram o mais alto estágio de amor e não necessitam fazer mais nada, quando, na verdade, eles apenas acabaram de entrar no caminho e experimentaram o amor em sua forma mais elementar. Tão intensa e extraordinária é a experiência desse amor profundo, que um mero vislumbre dele pode ser tomado enganosamente pelo devoto como sendo a mais elevada experiência possível, e levá-lo a relaxar em seus esforços no cultivo desse amor, que é insondável e transcende a imaginação humana. Se o devoto não estiver alerta e se tornar complacente, a estagnação sobrevirá e o impedirá de atingir o segundo estágio do amor supremo *(paramaprema)*, no qual há uma expansão autorregenerativa.

A dúvida se a devoção deve ser dirigida a um Deus pessoal ou impessoal perturba muitos aspirantes. Alguns deles consideram impossível despertar sua emotividade em relação a uma Realidade que não tem forma nem atributos e, portanto, parece incapaz de responder ao seu amor. Outros pensam ser incongruente imaginar e adorar o que é um Princípio transcendental, onipresente em sua natureza essencial, através de uma forma concreta. A dificuldade está baseada numa concepção errônea ou noção confusa sobre a natureza da Realidade referida como Deus. Há somente Uma Realidade com seus dois aspectos – o transcendental e o manifestado. Em seu aspecto transcendental é um Princípio, sem qualquer forma ou atributo. Em seu aspecto manifesto é a base sobre a qual repousa o universo manifestado, que é uma criação da Mente Divina. Assim, não importa se dirigimos nossa devoção a um Deus pessoal na forma de uma representação simbólica de alguns de seus atributos, ou de uma encarnação na forma humana, ou se o adoramos em seu aspecto impessoal. Nossa devoção atinge a Realidade Una, e a resposta vem da mesma Realidade. Cada devoto inteligente, mesmo quando adora Deus numa forma concreta, está consciente ou inconscientemente atento para o fato de que sua devoção é dirigida à Realidade que permeia e abraça todo o universo, e por isso está também presente em seu pleno esplendor e poder na forma concreta que serve como seu símbolo.

Embora uma forma concreta ajude algumas pessoas,

fornecendo às suas mentes algo tangível para imaginar, ela não é necessária a todos os devotos. É possível dirigir a devoção – e cultivá-la em seu grau mais elevado – àquela Realidade impessoal oculta no interior de nossos próprios corações em sua plenitude, que é fonte de todo conhecimento, poder, bem-aventurança e tudo o que estiver associado à vida espiritual. A devoção, portanto, não apenas pode lhe ser dirigida, como também desenvolvida em sua mais elevada intensidade, até mesmo a um estado de êxtase.

Pode parecer incrível que se possa amar com a máxima intensidade aquilo que não tem forma, substância ou som, nada indicando a sua existência; mas essa é a verdadeira, vívida e delicada experiência para os devotos genuínos, sobre quem a graça divina desce frequentemente, erguendo suas consciências a alturas extáticas. Não há razão, portanto, para um indivíduo desanimar se não se sentir atraído por uma forma particular. De fato, a devoção a um Deus pessoal, sendo real e intensa, tende a tornar-se mais e mais impessoal à medida que transcende as limitações da forma, do tempo e espaço, trazendo a consciência do devoto ao contato com a Realidade Una. Quando o amor em sua forma mais refinada brota continuamente do interior, como se surgisse do nada, mesmo quando o devoto está ocupado em atividades físicas ou mentais, sua consciência não conhece separação entre o amante e o amado.

Ainda que esta espécie de amor não seja atingível facilmente, a potencialidade para cultivá-la existe em cada ser humano, porque Deus está consagrado no coração de todos. Devemos apenas abrir as portas do templo para termos uma visão da Deidade, e experimentar a união com sua Consciência. O retorno desse elevado estado de exaltação torna o devoto autossuficiente, independente e cheio de indescritível bem-aventurança.

Nada de valor real é atingido subitamente e sem esforço, e não existe nada que não possa ser ganho com esforço perseverante. Isto é particularmente verdadeiro no tocante àquelas grandes coisas da vida, potencialidades que estão presentes dentro de nós como parte de nossa herança divina, as quais estamos destinados a desenvolver de forma efetiva, mais cedo ou mais tarde. Quanto tempo nos conservaremos privados dessa herança divina depende em parte de nosso *karma* e em parte de nosso senso de discernimento, ou *viveka,* que nos habilita a distinguir entre o real e o irreal, entre o que é ilusório e o que é de valor permanente. Mas nosso *karma* não é inexaurível e nossa faculdade de discernimento está apenas adormecida. Podemos remover ambos os impedimentos se o quisermos. Tudo o que temos que fazer é começar e perseverar em nossos esforços.

Os *Bhakti-Sūtra-s* de *Nārada* contêm 84 aforismos.

Os últimos três apresentam detalhes, tais como os nomes de alguns dos grandes Instrutores da antiguidade que propuseram a doutrina da devoção. Visto não serem esses detalhes de importância teórica ou prática, e serem de difícil compreensão para os não familiarizados com as escrituras hindus, esses três aforismos foram aqui omitidos.

I. K. Taimni

# Autorrealização pelo Amor

अथातो भक्तिं व्याख्यास्यामः ।१।

*athāto bhaktiṃ vyākhyāsyāmaḥ*

1. COMO A DEVOÇÃO A DEUS É NECESSÁRIA AO ATINGIMENTO DA AUTORREALIZAÇÃO, VAMOS EXPOR A DOUTRINA DE *BHAKTI.*

A palavra 'devoção', como mencionado no prefácio, significa devoção ou amor a Deus. Qualquer objeto de devoção na Terra, por mais elevado que seja, é perecível, finito e não completamente livre de defeitos, e a devoção a ele dirigida está destinada a ser limitada. Mesmo a vida e as formas físicas de *avatāra-s*[4], a quem a devoção da maioria dos devotos é dirigida, estão circunscritas ao tempo e ao espaço. Ainda que elas

---

[4] *Avatāra* (sânscrito) – Encarnação divina. Descenso de algum deus ou ser glorioso, que ultrapassou a necessidade de renascimento na Terra, no corpo de um simples mortal. Glossário Teosófico, Helena P. Blavatsky. Editora Ground, 1995. (N.E.)

possam ajudar nos estágios iniciais, não são adequadas ao desenvolvimento da verdadeira devoção, que abrange tudo, manifestado e imanifestado, e liberta o indivíduo do cativeiro da existência corporal. Além disso, há uma certa artificialidade e falta de realismo no que diz respeito à devoção a algo externo e finito, enquanto a Realidade que buscamos está oculta em sua plenitude e total esplendor em nosso próprio coração. Mais cedo ou mais tarde, teremos que ultrapassar a forma externa e tentar compreender AQUELE que, oculto na forma, é o verdadeiro objeto de nossa busca. Assim, aquela Realidade onipenetrante, que tudo abarca e contém em si, comumente denominada Deus, é o único objeto apropriado para a nossa devoção, ou *bhakti*, e é sob este ponto de vista que *Nārada* aborda o assunto.

O estudante deve, contudo, tomar o cuidado de não aceitar como verdade literal todas as histórias de devoção pessoal relatadas em livros como *Rāmāyaṇa*[5] ou *Bhāgavata*[6], deixando assim escapar o seu real significado. Em primeiro lugar, muitas dessas histórias são alegorias usadas para apresentar as mais elevadas verdades da vida espiritual, de maneira que o homem

---

5 *Rāmāyaṇa* (sânscrito) – Famoso poema épico hindu, que retrata a vida e as aventuras de *Rāma*, sétimo avatar ou encarnação de *Vishnu* (N.E.)

6 *Bhāgavata* (sânscrito) – Escritura devocional hindu, parte da coleção de dezoito escritos alegóricos denominada *"Purāna"*, que retrata a vida de K*ṛṣṇa*, oitavo e mais célebre avatar de *Vishnu.* (N.E.)

comum possa entendê-las e delas se lembrar facilmente. Em segundo lugar, ainda que nessas histórias a devoção seja aparentemente dirigida a uma personalidade sujeita ao domínio do tempo e do espaço, a forma externa é considerada meramente um símbolo da Realidade interna, e a devoção é, na verdade, dirigida a essa Realidade. Essa distinção entre a forma externa e a Realidade interna pode não estar claramente definida na mente do adorador comum, mas estará sempre presente em sua mente subconsciente. Os hindus, que usam frequentemente formas simbólicas de *avatāra-s,* como *Rāma* e *Kṛṣṇa*, não são idólatras, como imaginam muitos que estudaram o Hinduísmo apenas superficialmente. Por trás de seu aparente antropomorfismo encontra-se oculta uma filosofia contendo profundas concepções acerca da Realidade Última, geralmente mencionada como *Brahman*. Esses fatos foram explicados em detalhes no meu livro *Introdução ao Simbolismo Hindu*[7].

सा त्वस्मिन् परमप्रेमरूपा ।२।

*sā tvasmim paramaprema-rūpā*

*2. BHAKTI* OU DEVOÇÃO A DEUS TEM A FORMA DE UM INTENSO AMOR DIRIGIDO A ELE.

[7] Taimni, I. K. – *Introduction to Hindu Symbolism.* (N.E.)

Enquanto a devoção a alguma causa ou pessoa pode não ser da natureza do amor, mas pode tomar a forma de determinação para servir a causa ou de lealdade à pessoa, a verdadeira devoção a Deus, denominada *bhakti*, envolve autoentrega sempre acompanhada por uma emoção de intenso amor por ele. Mas este amor emocional é apenas a sua expressão externa, isto é, a forma que toma em seu comportamento externo em relação a Deus. Há um aspecto mais profundo desse amor, tratado no próximo aforismo.

**अमृतस्वरूपा च ।३।**

*amṛtasvarūpā ca*

3. ENQUANTO A FORMA EXTERNA DE *BHAKTI* É AMOR EMOCIONAL, SUA FORMA ESSENCIAL, MAIS PROFUNDA, É A CONSCIÊNCIA DE NOSSA NATUREZA VERDADEIRA, QUE É ETERNA E TRANSCENDE OS DOMÍNIOS DA DECADÊNCIA E DA MORTE.

Este aforismo deve ser lido juntamente com o que o precede, como indica a palavra sânscrita *ca*. O segundo aforismo refere-se à forma externa de *bhakti* em contraposição a sua forma essencial, mencionada no terceiro aforismo. Tudo tem dois aspectos em sua natureza: um, como aparece àqueles que o veem superficialmente pelo lado externo, e outro, como é conhecido em sua natureza essencial por aqueles que o experimentam a partir de seu interior.

Visto de fora, um devoto que tem intenso amor a Deus geralmente exibe todos os sintomas característicos de uma pessoa que está profundamente apaixonada por outra. Sua mente está obcecada por ideias acerca da outra pessoa. Chora quando há um surto de intensa emoção. Sente-se perdido quando está separado do ser amado.

Essa é a forma externa de *bhakti*, geralmente proeminente nos estágios iniciais de seu desenvolvimento. Mas à medida que *bhakti* amadurece e coloca o devoto em relação mais próxima a Deus, desenvolve um sentimento de unidade com Ele em grau cada vez maior. Quando isso acontece, os sintomas externos tendem a desaparecer em grande parte, sendo substituídos por um estado de constante consciência da unidade com Ele e de sua própria natureza eterna. Essa é a forma essencial (*svarūpa*) de *bhakti*.

**यल्लब्ध्वा पुमान् सिद्धो भवत्यमृतो भवति तृप्तो भवति ।४।**

*yal labdhvā pumān siddho bhavaty, amṛto*
*bhavati tṛpto bhavati*

4. PELO ATINGIMENTO DESTA CONSCIÊNCIA, O HOMEM TORNA-SE UM *SIDDHA*[8], IMORTAL E AUTOSSATISFEITO.

Esses resultados são obtidos porque sua consciência se tornou una com a consciência de Deus. Poderes de toda espécie são inerentes à Consciência Divina, que é eterna e tudo contém em si mesma. Quando a consciência de um indivíduo se funde com a Consciência Divina, ela naturalmente adquire todos os atributos presentes na Consciência oniabarcante. Não é necessário esforço especial para a aquisição de qualquer coisa, pois tudo está presente nessa Consciência. Podemos desejar e tentar adquirir somente aquilo que ainda não possuímos.

**यत् प्राप्य न किंचित् न वाञ्छति न शोचति न द्वेष्टि न रमते नोत्साही भवति ।५।**

*yat prāpya na kiṃcit na vāñchati na śocati*
*na dveṣṭi na ramate notsāhī bhavati*

5. TENDO ATINGIDO O AMOR A DEUS, ELE NADA DESEJA, NÃO SENTE AFLIÇÃO, NADA ODEIA, NÃO SE REGOZIJA POR COISA ALGUMA

---

[8] *Siddha* (sânscrito) – homem puro e sagrado, possuidor de poderes sobrenaturais denominados *siddhi-s* (N.E.)

E POR NADA SE ENTUSIASMA.

Todos os estados mentais a que este aforismo faz referência só podem estar presentes quando o indivíduo sente falta de diferentes coisas em seu interior. Se sua consciência se funde com a Consciência Divina, que tudo contém em forma potencial, ele naturalmente se torna Autossuficiente e nada pode desejar fora de si mesmo. E ainda, sentindo-se uno com tudo no domínio da manifestação, não pode ter aversão ou ódio ao que quer que seja. A maioria de nós não compreende o formidável valor de sermos Autossuficientes, de não desejarmos nada, de termos percebido que a fonte de todos os objetos desejáveis está dentro de nós mesmos. A ausência de desejo não é um estado negativo da mente que produza um vácuo em nossa vida. Enquanto o desejo obscurece a Consciência Divina presente em nosso coração, a ausência de desejo implica em remover esse véu, fazendo-nos perceptivos a esta Consciência Divina e de nossa unidade com ela.

**यज् ज्ञात्वा मत्तो भवति स्तब्धो भवत्यात्मारामो भवति ।६।**

*yaj jñātvā matto bhavati stabdho bhavaty ātmārāmo bhavati*

6. PELO CONHECIMENTO DE DEUS (OU A REALIDADE UNA) ELE SE TORNA PLENO DE ALEGRIA, SERENO E AUTOSSATISFEITO.

Este aforismo dá continuidade à ideia do anterior e acrescenta outras características do estado mental e sentimento resultantes da Autorrealização. A palavra *matto*, deriva de *mattaḥ*, cuja tradução é "louco". Porém, no presente contexto, não tem esse significado, sendo usada apenas para indicar a intensidade da alegria interna sentida pelo indivíduo que está completamente subjugado, quando se encontra imerso no oceano do amor divino. À medida que seu amor amadurece, essa exuberância de amor emocional vai gradativamente dando lugar a um estado de intenso amor, tão profundo que nenhuma indicação externa se faz presente e a pessoa se torna serena, com sua consciência centrada em si mesma. Não só não há nenhuma expressão externa desta espécie de amor, como também nenhum estímulo exterior é necessário para conservar sua intensidade. Esse amor é enraizado no amor divino, e seu estímulo deriva dessa fonte inesgotável de *ānanda*[9]. Por este motivo, ele se torna independente do ambiente externo e o indivíduo se torna Autorrealizado ou Autossuficiente.

O aspirante desejoso de desenvolver a espécie de

[9] *Ānanda* (sânscrito) – Bem-aventurança, alegria, felicidade (N.E.).

amor tratada na presente obra deve fazer uma pausa e ponderar sobre este aforismo e os dois que o antecederam a fim de apreender seu real significado. Este amor tem sua fonte no centro da própria consciência e tem dois aspectos. Em um de seus aspectos, ele se volta para fora e abrange tudo no mundo externo, pois Deus é visto consagrado na plenitude do universo manifestado. No outro, o amor se volta para o interior e o indivíduo percebe a Realidade Una que existe além do centro de sua consciência no reino do imanifestado. O amor voltado para o exterior é a base do altruísmo e da compaixão por todas as criaturas vivas, e a verdadeira fraternidade humana é derivada dessa visão, ou antes, da percepção da unidade de toda a vida. Nós falamos em "formar" um núcleo de fraternidade universal da humanidade. A fraternidade humana, porém, não é algo que possa ser formado ou criado pelo homem. Ela é um fato na Natureza e já existe, ainda que possivelmente não o percebamos nem o reconheçamos. É o mais fundamental dos fatos concernentes à vida humana. Na realidade, é o fato mais fundamental da própria vida, porque toda vida se radica e origina de uma única fonte – a Vida Divina que permeia todo o universo.

O amor voltado para o interior, que é dirigido para além do centro de nossa consciência, é a base do amor a Deus, objeto deste tratado. É este amor que gradualmente eleva nossa consciência ao reino do eterno, faz-nos cônscios de nossa própria divindade e é chamado *bhakti,* em sânscrito.

Os três aforismos de que estamos tratando indicam os resultados que se seguem quando o amor pelo divino brota de dentro de nosso coração. Eles nos mostram que dentro do coração do universo e dentro do nosso próprio coração está oculta a fonte de todas as espécies de amor, que é o próprio Amor; portanto, somente é possível encontrar este Amor mergulhando nos mais profundos recessos de nosso próprio coração. Quando somos bem-sucedidos em nossos esforços e conseguimos abrir um canal entre nós e esta fonte de todo amor, então o amor começa a jorrar do nosso interior e a nos preencher com aquela suprema bem-aventurança que lhe é inerente. O admirável nesse amor é que ele não é dirigido a um indivíduo ou coisa e não depende das circunstâncias ou do ambiente em que a pessoa se encontre; ele irradia através dela sem qualquer estímulo externo e sem qualquer esforço. É como uma nascente natural, uma fonte oculta e inesgotável de onde a água flui espontânea e continuamente, mesmo não havendo ninguém para utilizá-la.

O estudante desejoso de apreender o verdadeiro significado destes aforismos, deve aperceber-se do importante fato de que amor e felicidade estão indissoluvelmente ligados, como estão os seus opostos, ódio e infelicidade. Quando e onde quer que a mente esteja saturada de amor, ela é repleta de bem-aventurança, e é esta bem-aventurança que produz as condições enumeradas nos três aforismos e torna o indivíduo Autossuficiente e independente. Quando esse amor é dirigido a Deus, fonte de todo amor, pode não haver limite para a sua intensidade e para os poderes conferidos ao devoto, como resultado da progressiva fusão de sua consciência individual com a Consciência Divina. Os sintomas externos iniciais, que demonstram falta de controle sobre as emoções, se devem ao impacto esmagador do amor e da felicidade sobre a mente. Aqueles que nunca sentiram essas emoções num grau intenso não podem compreendê-las.

**सा न काम्यमाना निरोधरूपत्वात् ।७।**

*sā na kāmyamānā nirodharūpatvāt*

7. O AMOR A DEUS NÃO É MOTIVADO PELO DESEJO, PORQUE ENCONTRA EXPRESSÃO E É ATINGIDO PELA ELIMINAÇÃO DE TODOS OS DESEJOS MUNDANOS.

Deveria ser óbvio que o verdadeiro amor a Deus não pode ser motivado por qualquer desejo mundano, pois somente pode ser atingido quando os desejos mundanos tiverem sido gradualmente eliminados ou, preferivelmente, transmutados no supremo desejo de encontrar e unificar-se com a Vida Divina oculta em nós. Quando o amor Divino aparece no coração de um devoto e, como resultado, ele se torna Autossuficiente, todos os desejos desaparecem de sua mente de modo natural e sem que qualquer esforço seja feito nesta direção.

Isso só é verdadeiro para o amor maduro e absolutamente altruísta, referido como *parama prema* nos aforismos subsequentes. Este estágio supremo de amor a Deus não é atingido de forma súbita, mas sim passando por um certo número de fases nas quais o egoísmo e os desejos pessoais representam um papel definido, mas sempre decrescente. Porém, tal é o poder e mistério do amor dirigido a Deus, ainda que com um motivo egoísta, que a resposta provinda da fonte Divina não apenas preenche nosso desejo como também tem o efeito de purificar parcialmente nossa natureza, libertando-a da degradante influência do desejo. Essa é a alquimia que, estabelecendo um círculo virtuoso, acaba por nos livrar completamente dos desejos de toda espécie e nos tornar Autossuficientes e independentes.

निरोधस्तु लोकवेदव्यापारस्य न्यासः ।८।

*nirodhas tu lokaveda vyāpārasya-nyāsah*

8. MAS A ELIMINAÇÃO DOS DESEJOS NÃO SIGNIFICA DEIXAR DE CUMPRIR OS DEVERES MUNDANOS E RELIGIOSOS, MAS CONSAGRÁ-LOS A DEUS.

As ações de um indivíduo comum são geralmente motivadas pelo desejo, e a maioria das atividades de que ele participa tem alguma finalidade pessoal em vista, quer ele esteja consciente desse fato quer não. Quando tal indivíduo começa a desenvolver seriamente a ausência de desejo, é possível que deixe de fazer tudo aquilo que é motivado por um ou outro desejo. Este aforismo adverte o aspirante contra essa noção errônea de ausência de desejos, pois ela leva à criação do caos em sua vida e no ambiente social em que se encontra. Ele é instruído a continuar a cumprir fielmente todas as suas responsabilidades, que são parte de seu dever e sobre ele recaíram como resultado de circunstâncias específicas nas quais foi colocado pela Lei do *Karma*, ou pelas relações que formou com outros. Nessa seleção e eliminação de atividades, ele deve usar sua própria capacidade de julgamento, guiada pela sabedoria e não por preconceitos e predileções pessoais.

तस्मिन्ननन्यता तद्विरोधिषूदासीनता च ।९।

*tasminn ananyatā tadvirodhiṣūdāsīnatā ca*

9. A AUSÊNCIA DE DESEJOS TAMBÉM SIGNIFICA NADA DESEJAR SENÃO A DEUS E INDIFERENÇA A TUDO QUE SEJA CONTRÁRIO A ELE, OU CRIE OBSTÁCULOS À UNIÃO COM ELE.

Este aforismo esclarece mais a natureza da ausência de desejos que deve ser desenvolvida pelo devoto. Ausência de desejos não quer dizer que o devoto nada deseje, nem mesmo a Deus. De fato, ele tem que desejar a Deus e Deus somente, e deve adotar uma atitude de indiferença em relação a tudo que lhe seja antagônico. Para que o aspirante não interprete erroneamente o que querem dizer as duas proposições neste aforismo, o seu significado é esclarecido nos dois aforismos seguintes.

अन्याश्रयाणां त्यागोऽनन्यता ।१०।

*anyāśrayāṇāṃ tyāgo 'nanyatā*

10. A DEVOÇÃO DE TODO CORAÇÃO SIGNIFICA RENÚNCIA À DEPENDÊNCIA DE TODO E QUALQUER APOIO, EXCETO DO OBJETO DA DEVOÇÃO.

A necessidade de restringir a devoção a um único objeto é óbvia. Sincera concentração da mente e perseverante esforço são também necessários. Assim é, particularmente, quando se procura a união com a Vida Divina que está oculta no fundo de nossa própria consciência. Ter mais de um objeto do qual depender e para o qual dirigir nossa devoção é seguramente um meio de distrair a mente, e tornar impossível a devoção integral e a intensa concentração.

Em nossa vida mundana temos que depender de diferentes objetos ou pessoas para suprimento de nossas múltiplas necessidades, pois sendo todos limitados, imperfeitos e inadequados, não podem fornecer tudo de que necessitamos. Mas Deus é a fonte de tudo no mundo e pode prover-nos do que quer que necessitemos e mereçamos. Além disso, quando nos entregamos por completo a ele e fundimos nossa consciência com a sua, tornamo-nos sem desejos. Ao estabelecer-nos na própria fonte de satisfação de todos os desejos, nada resta a ser desejado.

**लोकवेदेषु तदनुकूलाचरणं तद्विरोधिषूदासीनता ।११।**

*lokavedeṣu tad anukūlācaraṇaṃ tad virodhi-ṣūdāsīnatā*

11. A INDIFERENÇA A TUDO QUE LHE SEJA ANTAGÔNICO OU OBSTRUA A UNIÃO COM ELE, NÃO EXCLUI A CONDUTA DE ACORDO COM ELE NEM O CUMPRIMENTO DAS OBRIGAÇÕES RELIGIOSAS E MUNDANAS.

Este aforismo adverte o devoto contra a ideia errônea de que no cultivo da devoção integral a Deus, os deveres mundanos e religiosos possam interferir, tendo que ser, por isso, abandonados. A devoção a Deus é uma questão de atitude interna e estado de consciência, não interferindo em nossa atividade física ou mesmo mental. Como indicam os *Śiva-sūtra-s*, as atividades físicas e mentais acontecem na periferia de nossa consciência e os níveis internos não são afetados por elas. Posto que a devoção a Deus é dirigida para o interior através do centro de nossa consciência, ela envolve esses níveis internos e, desde que seja real e cultivada de maneira correta, o que estiver acontecendo na periferia não interferirá. Eis porque é possível cumprir nossos deveres profanos e religiosos e, ao mesmo tempo, conservar a mente em estado de intensa devoção.

O cumprimento dos deveres mundanos e religiosos é enfatizado, de forma que o viver uma vida de devoção a Deus não estimule a pessoa a abandonar suas tarefas, tornando-se causa de perturbação na sociedade. Isso pode provocar hostilidade daqueles que são afetados e levá-los a condenar a doutrina e o valor da própria devoção.

भवतु निश्चयदार्ढ्यादूर्ध्वं शास्त्ररक्षणम् ।१२।

*bhavatu niścaya-dārḍhyād ūrdhvaṃ*
*śāstrarakṣaṇaṃ*

12. A OBSERVÂNCIA DAS PRÁTICAS IMPOSTAS PELOS COMPROMISSOS RELIGIOSOS E SOCIAIS DEVE SER MANTIDA MESMO DEPOIS QUE A FÉ E O AMOR A DEUS TENHAM SE TORNADO FIRMES E PROFUNDOS.

Um devoto atinge um estágio em sua vida em que seu amor a Deus se torna tão intenso, que sua consciência se recolhe aos níveis internos do ser. Fica então bastante difícil para ele levar adiante as atividades usuais que são parte de seus compromissos religiosos e sociais. O devoto é instruído a continuar tais atividades, tanto quanto possível. Depois de um certo estágio, isso se torna impossível, devido à intensidade extraordinária do amor que domina o devoto, que não pode então evitar o abandono temporário de suas atividades até que seu amor amadureça e ele readquira seu equilíbrio emocional e mental.

अन्यथा पातित्यशङ्कया ।१३।

*anyathā pātityaśaṅkayā*

13. DO CONTRÁRIO, HÁ O RISCO DE QUEDA DO ESTADO DE DEVOÇÃO JÁ ATINGIDO.

O devoto é instruído a levar adiante seus deveres tanto quanto possível, já que de outra maneira há o risco de sair dos trilhos e retroceder às atrações e aos desejos da vida mundana. O regular cumprimento de suas obrigações religiosas e sociais assegura sua permanência no caminho certo, devido à orientação e proteção conferidas pelo *dharma*[10]. Abandonando o caminho do *dharma,* ele é como um navio sem leme, vagando sem bússola pelo oceano da vida. Somente quando o devoto está muito avançado e a luz clara da intuição começa a iluminar seu caminho é que ele pode permitir-se dispensar a segura direção fornecida pelo código de conduta prescrito. Ele também não deve esquecer que aqueles que estão avançando no caminho do desenvolvimento interior

[10]*Dharma* (sânscrito) – A lei sagrada. Glossário Teosófico, Helena P. Blavatsky. Editora Ground, 1995. (N. E.)

da consciência são invariavelmente testados, de forma que descubram e removam qualquer fraqueza que possa subsistir em seu caráter.

लोकोऽपि तावदेव भोजनादिव्यापारस्त्वाशरीरधारणावधि
।१४।

*loko 'pi tāvad eva bhojanādi-vyāpāras tv*
*āśarīra-dhāraṇāvadhi*

14. OS USOS E COSTUMES SOCIAIS DEVEM SER OBSERVADOS NA MESMA MEDIDA QUE OS DEVERES RELIGIOSOS. MAS AS ATIVIDADES NECESSÁRIAS À MANUTENÇÃO DO CORPO, TAIS COMO COMER, VESTIR ETC., DEVEM SER CONTINUADAS ENQUANTO O CORPO VIVER.

Pode-se ver que as atividades ligadas à vida de um devoto são divididas em três categorias: 1. preceitos religiosos; 2. preceitos referentes aos usos e costumes sociais e 3. atividades ligadas à manutenção do corpo físico.

Os preceitos religiosos devem ser observados até que a devoção se torne tão amadurecida, firme e profundamente estabilizada, que a luz interna da intuição possa guiar o devoto no caminho que está trilhando e na vida que está vivendo. Os usos e costumes sociais devem ser observados enquanto for necessária a obediência aos deveres religiosos, e podem ser deixados simultaneamente com estes. Mas, obviamente, o devoto não pode se eximir das atividades necessárias à manutenção do corpo físico. Estas podem parecer comparativamente triviais, mas são essenciais para conservar o corpo vivo e em estado de funcionamento eficiente.

तल्लक्षणानि वाच्यन्ते नानामतभेदात् ।१५।

*tal lakṣaṇāni vācyante nānāmatabhedāt*

15. AGORA SERÃO EXPOSTAS AS INDICAÇÕES EXTERNAS DO AMOR A DEUS, SEGUNDO AS DIVERSAS OPINIÕES.

Os quatro próximos aforismos tentam descrever as indicações externas do amor a Deus. Eles tratam do assunto de maneira um tanto superficial. Em primeiro lugar, essas indicações podem tomar inúmeras formas, conforme os temperamentos, as circunstâncias individuais e a intensidade da devoção. Em segundo lugar, as indicações externas não são de especial importância. É o estado das emoções, atitudes e condições da mente que realmente importam e mostram a qualidade e intensidade da devoção. De fato, quando o devoto sente devoção da forma mais intensa, torna-se sereno e absorto, porque sua consciência se recolheu aos mais profundos níveis da mente. Considerando a natureza profunda dos outros aforismos e a possibilidade de interpolações, é provável que estes aforismos tenham sido inseridos por alguém, mais tarde, a fim de tornar o tratado mais abrangente. Tais interpolações não são fora do comum nos tratados dessa natureza, que chegaram a nós após atravessarem o curso dos séculos.

पूजादिष्वनुराग इति पाराशर्यः ।१६।

*pujādiṣv anurāga iti pārāśaryaḥ*

16. A DEVOÇÃO PODE SER DEMONSTRADA PELO ARDOR NA ADORAÇÃO DO SENHOR, SEGUNDO O DISCÍPULO DE *PARĀŚARA*.

कथादिष्विति गर्गः ।१७।

*kathādiṣv iti gargaḥ*

17. SEGUNDO GARGA, A DEVOÇÃO PODE SER DEMONSTRADA PELO FATO DE O DEVOTO DISCURSAR FREQUENTEMENTE SOBRE A GLÓRIA E A GRANDEZA DO SENHOR.

आत्मरत्यविरोधेनेति शाण्डिल्यः ।१८।

*ātmaraty avirodheneti śāṇḍilyaḥ*

18. SEGUNDO *ŚĀṆDILYA*, A DEVOÇÃO PO-DE SER DEMONSTRADA PELO USUFRUTO DESINIBIDO DA BEM-AVENTURANÇA ORIUNDA DO AMOR A DEUS.

नारदस्तु तदर्पिताखिलाचारता तद्विस्मरणे परमव्याकुलतेति ।१९।

*nāradas tu tad-arpitākhilācāratā*
*tad-vismaraṇe paramavyākulateti*

19. SEGUNDO *NĀRADA*, A DEVOÇÃO É DEMONSTRADA PELA DEDICAÇÃO DE TODA E QUALQUER PRÁTICA A DEUS, E PELA SENSAÇÃO DE EXTREMO MAL-ESTAR AO PERDÊ-LO DA MEMÓRIA.

अस्त्येवमेवम् ।२०।

*astyevam evam*

20. SÃO MUITOS OS EXEMPLOS DESTA ESPÉ-

CIE DE DEVOÇÃO.

Depois de apresentar as opiniões de diferentes sábios concernentes à natureza da devoção, o autor dá exemplos de devotos extraídos do *Bhāgavata*, que narra a vida de *Śri Kṛṣṇa* e ilustra esta espécie de intensa devoção de maneira muito eficiente.

यथा व्रजगोपिकानाम् ।२१।

*yathā vrajagopikānām*

21. TEMOS, POR EXEMPLO, O CASO DAS PASTORAS DE VRAJA (QUE EXEMPLIFICARAM EM SUAS VIDAS A ESPÉCIE DE DEVOÇÃO EXPOSTA NESTE TRATADO).

Como foi mostrado, há muitas espécies de devoção. Por exemplo, a devoção de *Hanumān*[11] por *Rāma*, como narra o *Rāmāyana*. Neste caso, a atitude do devoto é a de um servo para com o seu senhor. Já no caso das *Gopī-s*[12] de Vraja, que exemplificam em suas vidas talvez o mais intenso tipo de amor e devoção registrado

[11] *Hanumān* – encarnação do Deus *Śiva*, que se manifestou como um símio humanoide dotado de poderes, sendo o grande herói do Ramayana. É dito que é o filho do Deus Vayo (Vento)e representa o devoto ideal (N.E.)

[12] *Gopī* (sânscrito) – Pastora (N.E.).

nas escrituras hindus, a atitude é de amor, como o que um amante demonstra pela pessoa amada.

**तत्रापि न माहात्म्यज्ञानविस्मृत्यपवादः ।२२।**

*tatrāpi na māhātmyajñāna-vismṛty apavādaṃ*

22. MESMO NA INTENSA DEVOÇÃO QUE UM DEVOTO SINTA POR UMA ENCARNAÇÃO DE DEUS, CUMPRE NÃO ESQUECER A GRANDEZA OU DIVINDADE DO OBJETO DA DEVOÇÃO, A FIM DE EVITAR CENSURA OU ESCÂNDALO.

A vida de *Śri Kṛṣṇa,* como a descreve o *Bhāgavata,* ilustra a verdade desta afirmação. As *Gopī-s*, ainda que o amassem intensamente, estavam sempre conscientes de sua divindade, de forma que seu amor permaneceu puro e irrepreensível. Sem esta atitude, a devoção não pode se tornar um meio de desenvolvimento espiritual.

**तद्विहीनं जाराणामिव ।२३।**

*ad-vihīnaṃ jārāṇām iva*

23. SEM A ATITUDE ACIMA MENCIONADA, O AMOR DE UM DEVOTO SE ASSEMELHARÁ AO

AMOR APAIXONADO DE UM AMANTE COMUM.

Este aforismo adverte o devoto para que ele não permita que seu amor degenere no amor apaixonado, comum na vida humana entre homem e mulher.

नास्त्येव तस्मिंस्तत्सुखसुखित्वम् ।२४।

*nāsty eva tasmiṃs tat-sukhasukhitvam*

24. O QUE DISTINGUE O VERDADEIRO AMOR DO FALSO AMOR-PAIXÃO, É O FATO DE QUE O AMANTE APAIXONADO NÃO TEM A FELICIDADE DO AMADO COMO SEU ÚNICO INTERESSE, MAS VISA, PRINCIPALMENTE, A SUA PRÓPRIA FELICIDADE.

सा तु कर्मज्ञानयोगेभ्योऽप्यधिकतरा ।२५।

*sā tu karma-jñāna-yogebhyo 'pyadhikatarā*

25. ELE (O CAMINHO DA DEVOÇÃO) É SUPERIOR AO DA AÇÃO, CONHECIMENTO E *YOGA* (DE PATĀNJALI).

Há três caminhos reconhecidos de união com Deus

ou realização da Realidade Una: o da ação, o do conhecimento e o do *yoga*. Dos três, o caminho do *karma,* ou ação, é considerado preparatório, e os de *jñāna* e *bhakti* são os dois caminhos principais, considerados capazes de habilitar o aspirante a atingir a meta final. De acordo com *Nārada*, o caminho de *bhakti,* exposto neste tratado, é superior ao de *jñāna*. *Śaṃkara*[13] também disse que a devoção é o maior de todos os meios de libertação dos grilhões de *saṃsāra*[14] *(mokṣasādhana-sāmagrayāḥ bhaktir eva garīyasī).*

Tais afirmativas, envolvendo comparações entre os diferentes caminhos que levam ao final à união com Deus, não devem ser tomadas com exagerada seriedade. O sucesso nesse empreendimento requer um esforço total de todas as nossas faculdades, porque a vida não pode ser dividida em compartimentos estanques. Em geral, são necessárias diferentes espécies de esforços nas diversas fases de nosso desenvolvimento espiritual, e a característica que predomina no esforço feito numa determinada vida, parece ser o "caminho" que o aspirante está trilhando.

---

[13] *Śaṃkara* (sânscrito) – célebre filósofo vedantino (N.E.)

[14] *Saṃsāra* (sânscrito) – Literalmente: rotação; o oceano de nascimentos e mortes. Glossário Teosófico, Helena P. Blavatsky. Editora Ground, 1995. (N.E.)

फलरूपत्वात् ।२६।

*phala-rūpatvāt*

26. PORQUE O RESULTADO DE FAZER O ESFORÇO PARA DESENVOLVER A DEVOÇÃO É UMA DEVOÇÃO MAIS INTENSA.

Este aforismo indica a razão pela qual o caminho da devoção é considerado superior aos demais caminhos mencionados no aforismo anterior. O significado deste enigmático aforismo se tornará claro se compreendermos como se estabelece um "círculo virtuoso", em contraposição a um "círculo vicioso". Quando um devoto se esforça por desenvolver a devoção e, como resultado, sua devoção se intensifica, ele fica habilitado a fazer o esforço seguinte num nível superior, e assim atingir um estado de devoção ainda mais intenso. Este processo de reforço progressivo continua até ocorrer a fusão da consciência do devoto com a Consciência Divina num êxtase, quando então acontece a Autorrealização.

ईश्वरस्याप्यभिमानिद्वेषित्वाद् दैन्यप्रियत्वाच्च ।२७।

*īśvarasyāpy abhimāni-dveṣitvād dainya-priyatvāc ca*

27. O CAMINHO DA DEVOÇÃO TAMBÉM É

SUPERIOR AOS DEMAIS POR CAUSA DA AVERSÃO DE DEUS AO EGOÍSMO E DE SEU AMOR À MANSIDÃO.

Este aforismo apresenta outra razão pela qual o caminho da devoção é melhor do que o da ação e o do conhecimento. Aqueles que tomam o caminho da ação são suscetíveis a desenvolver um sentimento de egoísmo, por se considerarem como a fonte do poder em vez de meros instrumentos do Divino, que flui através deles para a realização de um determinado propósito no Plano Divino. Esse egoísmo obscurece seu senso de discernimento e, criando um círculo vicioso, coloca-os no caminho da ambição, que os conduz finalmente à ruína sob o ponto de vista espiritual. O mesmo pode acontecer àqueles que tomam o caminho do conhecimento. Confundindo mero aprendizado com conhecimento das realidades internas da vida, e carecendo de percepção espiritual, tornam-se muito orgulhosos de seu saber e começam a considerar-se superiores aos seus semelhantes. Esse estado mental leva-os a afundar em mais ignorância e ilusões, como está eficientemente exposto no *Īsāvāsyopaniṣad.*

O caminho da devoção é livre de tais perigos. Primeiro, porque a técnica do desenvolvimento da devoção é baseada na eliminação de todos os desejos mundanos ou na sua transmutação no desejo único de encontrar Deus.

Segundo, porque o objetivo final do devoto é fundir sua consciência com a Consciência Divina, pelo enfraquecimento progressivo do seu "eu". Há, assim, poucas oportunidades para o desenvolvimento do egoísmo, que atua como uma barreira entre ele e seu Deus e pode resultar no gradual abandono do caminho da Autorrealização. A metáfora usada para advertir o aspirante contra o perigo de desenvolver o egoísmo não significa aversão ou favoritismo na Consciência Divina. A própria natureza da Consciência Divina, que tudo abrange e tudo contém no universo manifestado, é absolutamente livre de defeitos. Aqueles Grandes Seres, cuja consciência está estabelecida no mundo da Realidade, devem também ser, necessariamente, livres dessas fraquezas humanas.

तस्या ज्ञानमेव साधनमित्येके ।२८।

*tasyā jñānam eva sādhanam ity eke*

28. DIZEM ALGUNS QUE A DEVOÇÃO PODE SER DESENVOLVIDA SOMENTE ATRAVÉS DE *JÑĀNA* OU CONHECIMENTO.

अन्योन्याश्रयत्वमित्येके ।२९।

*anyonyāśrayatvam ity eke*

29. OUTROS DIZEM QUE AMBOS SÃO MUTUAMENTE DEPENDENTES.

Os dois aforismos acima indicam a relação do conhecimento com a devoção. Nas relações humanas, apenas conhecer uma pessoa não significa, necessariamente, intensificar a devoção a essa pessoa. O contato mais aproximado pode revelar tanto suas fraquezas quanto os pontos fortes de seu caráter; o resultado é, portanto, imprevisível. Mas na relação do devoto com Deus isso não ocorre, pois ele entra em contato mais íntimo com a Realidade que é perfeita, sem mácula. Assim, quanto mais o devoto conhece Deus pela unificação da consciência, mais sua devoção por ele tende a crescer. A intensificação da devoção, por sua vez, trazendo uma maior unificação da consciência, resultará em conhecimento mais profundo da Suprema Realidade. A devoção e o conhecimento continuam assim a reforçar-se mutuamente, até que haja uma perfeita unificação, quando ambos se fundem num estado de consciência no qual se tornam indistinguíveis.

स्वयं फलरूपतेति ब्रह्मकुमारः ।३०।

*svayaṃ phalarūpateti brahmakumāraṃ*

## 30. SEGUNDO *NĀRADA*, A DEVOÇÃO É FRUTO DA PRÓPRIA DEVOÇÃO.

Este aforismo sustenta a ideia do aforismo 26 num contexto diferente, e pode ser considerado como aquele que explica a razão pela qual a devoção é o seu próprio fruto.

Há alguns contos interessantes no *Bhāgavata* que esclarecem essa unificação da consciência e seus resultados. Num deles, *Rādhā*, o amor ideal de *Śrī Kṛṣṇa*, é mostrada procurando-o em certa ocasião quando ele desaparecera de seu lado, deixando-a na agonia da separação. Ela corre de um lugar para outro nos bosques de *Vṛndāvana* e pergunta a todas às pastoras que ela encontra, sobre o paradeiro de *Kṛṣṇa*. Mas a pergunta que ela formula não é: "Onde está *Kṛṣṇa*?", mas "Onde está *Rādhā*?" Sua consciência havia se fundido de tal maneira com a de *Kṛṣṇa* que, na confusão, ela perde o sentido de sua própria identidade, misturando-a com a de *Kṛṣṇa*. Somente aqueles que experimentaram o êxtase do intenso amor podem apreciar a beleza desta história. Seu significado profundo dificilmente será notado por um filósofo intelectual insensível, que fale de Deus sob o ponto de vista acadêmico e analise a natureza dessa Realidade como o biólogo que disseca um animal em sua mesa.

राजगृहभोजनादिषु तथैव दृष्टत्वात् ।३१।

*rajagṛha-bhojanādiṣu tathaiva dṛṣṭatvāt*

31. O MESMO FENÔMENO FOI VISTO NUMA CASA REAL, QUANTO AO PROVER ALIMENTAÇÃO E CONCEDER OUTROS FAVORES.

न तेन राजपरितोषः क्षुच्छान्तिर्वा ।३२।

*na tena rājaparitoṣaḥ kṣucchāntir vā*

32. NISTO NÃO HÁ SATISFAÇÃO PARA O REI NEM PARA OS QUE SÃO ALIMENTADOS OU RECEBEM OUTROS FAVORES.

Este aforismo e o antecedente demonstram que sem a verdadeira devoção não há satisfação nem para Deus nem para aqueles que recebem suas graças. Numa casa real todos os que servem obtêm favores do rei, mas somente aqueles que lhe estão próximos e lhe são caros têm seu amor e, consequentemente, a verdadeira felicidade. Deus, em sua magnanimidade, concede a todos o que cada um deseja. É uma lei da vida que cada um acabe por obter aquilo que deseja. Mas, na satisfação desses desejos, não há verdadeira felicidade, porque está ausente a devoção ou amor. É possível obter prazer e alegria da satisfação dos desejos mundanos, que têm sua fonte nos níveis inferiores do ser – sua mente e emoções. Mas a verdadeira felicidade tem sua fonte nos domínios mais profundos do ser, em sua natureza espiritual. Essas regiões podem ser acessadas pela aquisição, pelo menos parcial, da consciência de nossa verdadeira natureza, que partilhamos com a natureza Divina. A única maneira de ganhar esse tipo de conscientização é através do amor ou devoção. Eis porque o aspirante é instruído, no próximo aforismo, a adotar o caminho da devoção.

**तस्मात् सैव ग्राह्या मुमुक्षुभिः ।३३।**

*tasmāt saiva grāhyā mumukṣubhiḥ*

33. POR CONSEGUINTE, O CAMINHO DA DEVOÇÃO DEVE SER ADOTADO COM EXCLUSIVIDADE POR AQUELES QUE DESEJAM LIBERTAR-SE DAS LIMITAÇÕES E ILUSÕES DA VIDA MUNDANA.

**तस्याः साधनानि गायन्त्याचार्याः ।३४।**

*tasyāḥ sādhanāni gayanty ācāryāḥ*

34. NOS AFORISMOS SEGUINTES SÃO INDICADOS OS MEIOS DE DESENVOLVER A DEVOÇÃO SEGUNDO OS INSTRUTORES DESTA MATÉRIA.

Foi mencionado nos aforismos 26 e 30 que a devoção é o seu próprio meio de desenvolvimento. Isso não quer dizer que aqueles cuja devoção ao Senhor é fraca, ou mesmo inexistente, não possam esperar desenvolver esta característica essencial para libertar-se dos laços de *saṃsāra*, ou das ilusões da vida mundana. A doutrina da devoção inclui um curso regular de treinamento. Se este curso é seguido de maneira séria e perseverante, gradualmente, a própria devoção pode ser usada para que seja desenvolvida mais intensamente, até a consciência do devoto se fundir ao objeto da devoção. A centelha da devoção, transformada numa chama crepitante, tudo queima no reino do irreal e nada deixa senão a Realidade Una.

तत्तु विषयत्यागात् सङ्गत्यागाच्च ।३५।

*tat tu viṣayatyāgāt sangatyāgāt ca*

35. O PRIMEIRO MEIO DE DESENVOLVER A DEVOÇÃO A DEUS É RENUNCIAR AOS OBJETOS MUNDANOS E AO APEGO A ELES. ESTE ÚLTIMO

É ESSENCIAL E MAIS IMPORTANTE.

Deus está oculto no centro de nossa própria consciência, ao passo que as coisas mundanas estão presentes no mundo exterior. Enquanto nosso interesse e atenção estiverem voltados para fora, em direção a esses objetos externos, a mente não poderá se voltar para dentro, em direção a sua fonte. Nessa condição, a mente é incapaz de experimentar o conhecimento e a bem-aventurança, ocultos nessa fonte, não podendo desenvolver a devoção a Ele.

अव्यावृत्तभजनात् ।३६।

*avyāvṛtta-bhajanāt*

36. A DEVOÇÃO É TAMBÉM CULTIVADA MAIS EFICIENTEMENTE PELA CONSTANTE E ININTERRUPTA ADORAÇÃO E LEMBRANÇA DE DEUS.

Este aforismo deve ser estudado juntamente com o anterior, no qual são recomendados a renúncia e o desapego aos objetos mundanos. A mente humana não pode permanecer num vácuo por qualquer intervalo de tempo. Se as coisas do mundo devem ser renunciadas e a mente desviada delas, deve haver algo maior que lhes tome o lugar; de outra forma, cedo ou tarde, a mente reverterá à condição anterior e mergulhará nas atrações e buscas da vida mundana com redobrado vigor, como uma reação à temporária abstinência. O que deverá, então, tomar esse lugar em alguém que deseje a unificação de sua consciência com a Consciência Divina? A mente deve ser dirigida a Deus e deve estar constantemente ocupada com pensamentos ligados a ele e com métodos que possam aproximá-la mais dele.

Dois pontos devem ser destacados a esse respeito. Muitas pessoas em quem a devoção não está ainda desenvolvida e que desejam alguma desculpa para não operarem uma mudança em suas vidas, alegam ter trabalho a efetuar no mundo exterior, ter que ganhar o seu sustento, ou promover alguma causa para a melhoria do bem-estar da humanidade. Essas pessoas devem saber que a constante lembrança e adoração necessárias ao cultivo da devoção não significam que devam se retirar do mundo, abandonar os seus deveres na vida material e se fechar num quarto a fim de conquistar seu objetivo. Seria absurdo recomendar-se tal maneira de agir, impossível no caso da maioria das pessoas, mesmo que tivessem a necessária seriedade para a adoção desse tipo de vida.

A fim de compreender como as atividades no mundo externo, das quais o homem comum tem que participar, e o cultivo dessa lembrança constante podem ser conciliadas, deve-se recordar que a mente humana, com sua constituição peculiar, pode funcionar em níveis distintos e ocupar-se com diferentes atividades ao mesmo tempo. Assim, o trabalho no mundo externo pode ser levado adiante simultaneamente com a constante lembrança de Deus e o esforço para aproximar-se mais dele. Isso não apenas é possível, como também a aptidão para fazê-lo pode ser adquirida por todos os aspirantes.

O segundo ponto a ser notado é o absurdo de se propagar uma filosofia e modo de guiar a vida espiritual negativos sem, ao mesmo tempo, colocar diante do aspirante um ideal e objetivo positivos e dinâmicos a serem atingidos. Tornou-se moderno e usual nos tempos atuais falar em termos gerais e vagos sobre os problemas da vida espiritual, sem o entendimento do objetivo e propósito de todo esse esforço. É como caminhar em torno de um bosque sem tentar nele penetrar para descobrir o que está oculto em seu interior. Esse convite às pessoas para que vagueiem numa nuvem de incertezas e generalidades é tanto mais estranho se considerarmos que o verdadeiro Ocultismo coloca ante os seres humanos um alvo muito bem definido e grandioso – a Autorrealização – que é não só desejável, mas também o nosso destino inevitável e o único meio possível de nos libertarmos permanentemente das ilusões e misérias da vida.

A verdade é que aqueles que falam nesses termos vagos e gerais não compreendem por eles mesmos o extraordinário significado e importância do que estão advogando. Eles sabem que essa espécie de idealismo vago é como fazer um apelo popular, despertando o interesse superficial do homem comum, que não deseja realmente fazer qualquer coisa para modificar seu modo de viver e que fica alarmado com a perspectiva de adotar uma vida que envolva verdadeira autodisciplina para a destruição do falso ego. O atingimento de um objetivo definido em termos de esforço espiritual constitui um desafio a nossa vida, o que não acontece com a mera aceitação teórica de um ideal elevado. Conversas em termos de idealismo vago podem continuar por séculos, sem que ninguém se torne sábio e mais próximo do ideal professado. Devemos ter clareza em nossa mente acerca de um fato: para a aquisição de qualquer coisa real na vida, temos que pagar o seu preço; quanto mais valiosa a coisa, maior é o preço a ser pago. A natureza não nos dá nada, se não damos nem sacrificamos nada.

**लोकेऽपि भगवद्गुणश्रवण-कीर्तनात् ।३७।**

*loke 'pi bhagavad-guṇaśravaṇa-kirtanāt*

## 37. OUTRO MÉTODO PARA O DESENVOLVIMENTO DA DEVOÇÃO É PROFERIR DISCURSOS, ENTOAR HINOS, CANÇÕES ETC., OU OUVIR TAIS DISCURSOS, HINOS ETC.

O significado mais profundo deste aforismo deve ser entendido para a compreensão de sua importância e eficiência no cultivo da devoção. Meramente proferir discursos religiosos ou ouvi-los é de muito pouca importância. Milhares de pregadores estão dando sermões nas igrejas todos os domingos, milhares de ascetas e renunciantes instruídos estão fazendo discursos em reuniões organizadas ou em *āśrama-s* estabelecidos por toda parte, para promover a espiritualidade no mundo. Mas quão eficientes são tais atividades para tornar as pessoas mais espirituais e promover a real devoção nos ouvintes? Muito pouco. Todo esse trabalho é feito num nível muito superficial e como uma questão de rotina. Não lhes toca os corações e, portanto, não é capaz de soprar a fagulha da devoção ali oculta, transformando-a na chama que produz a luz, a sabedoria e o calor da inspiração espiritual.

Tenho transitado entre grupos de pessoas que professam altos ideais de vida espiritual, e me divirto com a súbita mudança que se opera quando chegam ao fim as formalidades das conferências religiosas ou dos rituais.

As pessoas começam a conversar e discutir toda espécie de coisas, sem nenhuma relação com o objeto da reunião, que deveriam tentar compreender e perceber em certa medida. Isso demonstra que elas não estão de fato interessadas nas questões concernentes à vida interna e real do homem, mas querem apenas a satisfação advinda do sentimento de que cumpriram o seu dever em relação a Deus.

O que aconteceria se todos nós estivéssemos real e intensamente interessados nas questões relativas a Deus? Onde quer que nos encontrássemos (palestra, conferência, simpósio etc.), se nossas mentes estivessem plenas de devoção a ele e fosse ele o real objeto de nosso interesse e busca, começaríamos a falar sobre ele e sobre assuntos relativos a ele. Quando políticos se encontram, invariavelmente, começam a falar sobre política. Quando cientistas se encontram, sua conversa se volta naturalmente para a discussão de problemas científicos. Quando membros de uma família se encontram, falam sobre seus problemas pessoais ligados à família. Mas quando pessoas que professam, não somente crença em Deus mas também seu sincero desejo de achá-lo, se encontram, sobre o que falam? Falam sobre todas as coisas existentes sob o Sol, exceto Deus.

É esse estado da mente e intensidade de interesse que o presente aforismo espera sejam cultivados pelos verdadeiros devotos a Deus, de modo que, quando e onde quer que se encontrem, sua mente e sua expressão na conversa ou discussão se voltem naturalmente para assuntos espirituais.

मुख्यतस्तु महत् कृपयैव भगवद्-कृपालेशाद्वा ।३८।

*mukhyatas tu mahat-kṛpayaiva bhagavad-kṛipā-leśād vā*

38. MAS A DEVOÇÃO É ADQUIRIDA PRINCIPALMENTE E DE FORMA SEGURA PELA GRAÇA DOS GRANDES SERES OU PELO TOQUE DA COMPAIXÃO DIVINA.

Há dois pontos importantes a notar ao tentarmos entender o significado deste importante aforismo. Em primeiro lugar, a consciência dos Grandes Seres está em união com a Consciência Divina, consequentemente, eles são instrumentos da Vida Divina. Sua graça deve ser considerada como a expressão da compaixão divina. Em segundo lugar, a compaixão ou graça divina não é uma coisa acidental ou o produto de qualquer espécie de favoritismo por parte de Deus, mas sim o resultado natural da devoção que o devoto sente e dirige a Deus. A graça desce sobre um devoto em resposta ao seu intenso amor e autoentrega a Deus.

A razão pela qual a graça parece algumas vezes descer sobre o devoto sem prévio esforço de sua parte, repousa no fato de que a força da compaixão divina gerada pela devoção, em geral, não se manifesta imediatamente, mas tende a acumular-se e a crescer em intensidade nas realidades invisíveis, até que a barreira entre o devoto e o objeto da devoção se rompe e o devoto é inundado subitamente, sem causa aparente, pela graça Divina. Este não é um fenômeno muito diferente do que acontece quando um raio atinge um objeto na terra.

**महत्सङ्गस्तु दुर्लभोऽगम्योऽमोघश्च ।३९।**

*mahat-saṅgas tu durlabho 'gamyo 'moghaś ca*

39. É DIFÍCIL ENTRAR EM CONTATO PESSOAL COM OS GRANDES SERES E DIZER CATEGORICAMENTE COMO E QUANDO UMA PESSOA PODE SER ADMITIDA EM SUA COMPANHIA. MAS UMA VEZ OBTIDO ESTE CONTATO PESSOAL, É INFALÍVEL EM SUA ATUAÇÃO.

Conquanto não se possa dizer categoricamente quando e como um determinado indivíduo será aceito na companhia dos Grandes Seres, há certos fatos nessa conexão que convém ao aspirante ter em mente. Em primeiro lugar, ele deve se lembrar que, estando os Grandes Seres em contato com a Realidade, suas consciências funcionam e suas vidas são vividas num nível muito mais elevado do que as do indivíduo comum. Somente aqueles que estão propriamente qualificados para entrar em contato com eles é que podem ter sucesso em seus esforços. Só Eles podem decidir se alguém está qualificado e se as circunstâncias são favoráveis para tomá-lo em sua companhia ou mesmo para trazê-lo a um contato mais estreito. Tudo quanto o candidato pode fazer é purificar sua mente e viver de tal maneira que se torne digno desse grande privilégio. Em segundo lugar, o aspirante deve se lembrar de que o contato pessoal não significa necessariamente contato físico. O corpo físico é apenas nosso veículo mais externo, através do qual atuamos no plano físico. Há planos mais sutis nos quais funcionamos através de nossos veículos mais sutis. O contato naqueles planos é de importância e significado bem maiores e pode ser muito mais íntimo do que no físico. Duas pessoas vivendo em polos distantes podem estar em contato mais próximo, se houver afinidade espiritual entre elas e se desenvolveram as faculdades necessárias para se comunicarem, do que duas pessoas que vivem juntas no plano físico. Os *Mahatmas,* a quem geralmente nos referimos como Mestres de Sabedoria, vivem longe uns dos outros, em lugares isolados espalhados por todo o mundo, muitas vezes inacessíveis e, entretanto, estão no mais íntimo contato entre si. Eles podem também manter contato com seus discípulos avançados e utilizar-se de outros trabalhadores a eles devotados, onde quer que vivam em seus corpos físicos.

É difícil obter essa espécie de associação íntima com eles, mas se um indivíduo consegue tal privilégio, isso lhe será de inestimável benefício. As vibrações mais sutis que emanam de seus veículos e as forças espirituais que estão constantemente fluindo através deles dos planos mais elevados purificam e sintonizam aqueles que entram em contato com eles, elevando-os gradualmente a um nível mais alto do ser. Mas somente aqueles que são suficientemente puros e qualificados para suportar o impacto dessas forças podem auferir benefícios de tal contato íntimo, pois ele faz brotar não somente o melhor que há no indivíduo, mas também suas fraquezas ocultas. Assim, o melhor que o aspirante tem a fazer é não ansiar por um contato pessoal com eles, nem vagar de *āśrama* em *āśrama* a sua procura, mas tentar estabelecer contato com a Vida Divina oculta em seu próprio coração. Isso não somente é mais exequível, como também a maneira mais eficiente de entrar em contato com todos os Grandes Seres cuja consciência está permanentemente estabelecida na Consciência Divina.

लभ्यतेऽपि तत्-कृपयैव ।४०।

*labhyate 'pi tat-kṛpayaiva*

40. ESSE CONTATO PESSOAL COM OS GRANDES SERES PODE SER OBTIDO SOMENTE PELA GRAÇA DE DEUS.

O que este aforismo destaca é o fato de que, a fim de obter contato pessoal com os Grandes Seres, o melhor caminho a seguir é estabelecer contato com a Vida Divina oculta em nosso próprio coração, que está o mais próximo possível de nós e, portanto, mais facilmente acessível. Se conseguimos isso, elevamo-nos ao nível dos Grandes Seres e estabelecemos contato naturalmente, por força da afinidade que com eles desenvolvemos. A graça de Deus acima mencionada não é algo que aconteça acidental ou arbitrariamente, mas é o resultado de um privilégio merecido pelo indivíduo por seu próprio esforço para erguer sua vida ao elevado padrão exigido de ser e de viver.

तस्मिंस्तज्जने भेदाभावात् ।४१।

*tasmin taj-jane bhedābhāvāt*

41. PORQUE NÃO HÁ DISTINÇÃO ENTRE ELE E AQUELES CUJA CONSCIÊNCIA ESTÁ ESTABELECIDA DENTRO DA CONSCIÊNCIA DIVINA.

Como já foi dito, a consciência de um indivíduo se funde com a Consciência Divina na Autorrealização. Aqueles que estão aptos a estabelecer essa união não somente se tornam semelhantes a Deus, mas também instrumentos pelos quais seu auxílio e graça podem descer sobre seus devotos. Deve-se, entretanto, lembrar que se tornar semelhante a Deus não significa exercer as funções de Deus, mas apenas adquirir os atributos divinos, em maior ou menor grau, de acordo com o estágio de desenvolvimento de consciência atingido pelo indivíduo.

तदेव साध्यतां तदेव साध्यताम् ।४२।

*tad eva sādhyatāṃ tad eva sādhyatām*

42. (POR CONSEGUINTE) CULTIVAI O AMOR A DEUS SOMENTE, SOMENTE O AMOR A DEUS.

Sendo os Grandes Seres expressões e instrumentos da Vida e Consciência Divinas e suas graças descerem sobre seus devotos juntamente com a graça de Deus, o devoto deve tentar cultivar somente o amor a Deus. Tal conduta é recomendada muito claramente nos aforismos anteriores. Além disso, posto que Deus está consagrado em nosso próprio coração, ele está mais facilmente acessível e mais próximo de nós do que qualquer outra corporificação da Vida Divina. Na Autorrealização nosso Espírito individual entra em contato direto com o Supremo Espírito, porém, na tentativa de encontrar Deus em outra pessoa, os corpos podem atuar como barreira, sendo um obstáculo entre os dois.

O fato a ter em mente é que podemos elevar nossa consciência ao nível de *Ātmā*. Naquele estado, percebemos não somente nossa natureza real, mas também a Realidade oculta no coração de todo ser humano, da qual cada Mônada individual é uma expressão separada e única. Naquele nível, há perfeita unificação de consciência e vê-se a unidade na diversidade, o Um e o Múltiplo ao mesmo tempo. Há um estágio ulterior no qual a Mônada penetra no centro de sua própria consciência e emerge no reino da Realidade Una. Nesse estado, a consciência do iogue se expande até abranger o universo inteiro e todas as distinções de qualquer espécie desaparecem como, com tanta beleza, está exposto no aforismo 15 do *Pratyabhijñā Hṛidayam*[15].

---

[15]Aforismo 15: "Ao adquirir a necessária intensidade, por meio da autodisciplina, o fogo de *citi* reduz o universo todo a si mesmo, levando à compreensão de que nada mais é que uma expressão da Realidade." *O Segredo da Autorrealização*, I. K. Taimni. Editora Teosófica, 2009. (N.E.)

दुःसङ्गः सर्वथैव त्याज्यः ।४३।

*duḥsaṅgaḥ sarvathaiva tyājyaḥ*

43. AS MÁS COMPANHIAS DEVEM SER SEMPRE EVITADAS E RENUNCIADAS TANTO QUANTO POSSÍVEL.

A expressão sânscrita *sat-saṅga* é frequentemente usada nos círculos religiosos hindus para designar suas reuniões onde são discutidos assuntos da vida espiritual. Mas este é somente o seu significado superficial, adotado por aqueles cujo interesse nos problemas da vida espiritual é apenas aparente. O verdadeiro significado de *sat-saṅga* é "associação com *Sat*" ou manter a mente ocupada com questões concernentes à Realidade Una, que é o objeto final da procura de todos os aspirantes sinceros. Somente pela ponderação constante sobre esses problemas de importância vital, é que eles podem desenvolver a atitude necessária e a disposição permanente para o desenvolvimento da devoção.

Da mesma maneira *duḥ-saṅga*, que significa o oposto de *sat-saṅga*, é geralmente usada no sentido de "associação com pessoas de tendência maléfica". Contudo, em seu significado mais profundo, quer dizer "associação com tendências maléficas na natureza humana";

tendências estas que retardam nossa evolução espiritual e, quando de natureza grave e profunda, bloqueiam nosso progresso temporariamente. A purificação de nossa natureza inferior por uma autodisciplina rigorosa e a eliminação dos maus hábitos e tendências constituem uma parte necessária daqueles sistemas de cultura espiritual que visam ao desenvolvimento de nossas potencialidades espirituais e não apenas simulam fazê-lo. O destaque dado por instrutores e associações à necessidade de viver a vida espiritual ou religiosa em um elevado padrão de conduta – requerido e exigido de seus seguidores – fornece um critério muito bom para distinguir entre os ensinamentos genuínos e os espúrios.

काम-क्रोध-मोह-स्मृतिभ्रंश-बुद्धिनाश-सर्वनाश-
कारणत्वात् ।४४।

*kāma-krodha-moha-smṛtibhraṃśa-buddhināśa-*
*sarvanāśa-kāranatvāt*

44. PORQUE A ASSOCIAÇÃO COM PESSOAS MÁS OU DE MÁS TENDÊNCIAS PREDISPÕE AO DESENVOLVIMENTO DA LUXÚRIA, IRA, FIXAÇÃO EM OBJETOS MUNDANOS, ESQUECIMENTO DE NOSSOS IDEAIS ESPIRITUAIS E PERDA DE *VIVEKA* OU CAPACIDADE DE DIS-

CERNIMENTO, E DISSO RESULTA FINALMENTE A RUÍNA TOTAL DE NOSSA VIDA E POTENCIALIDADES ESPIRITUAIS.

Este aforismo é de grande importância, não porque se refira a algumas tendências más e à necessidade de erradicá-las de nosso caráter, mas porque traça a cadeia de causa e efeito que inicia com essas tendências e finalmente resulta na ruína da vida do indivíduo. O efeito primário dessas tendências maléficas é fazer o indivíduo esquecer os ideais espirituais que colocara diante de si, depois de refletir sobre as ilusões e limitações da vida humana. A percepção da natureza da vida humana e suas misérias despertara em sua mente após muito sofrer e com o desejo de evitar o sofrimento no futuro. Se ele continua a ser indulgente com suas fraquezas e más tendências, ou a elas regressa após as ter eliminado até certo ponto, ele perde essa percepção, tornando-se confuso e deixando-se envolver no círculo vicioso em que a maldade obscurece a faculdade de *viveka.* O enfraquecimento desta faculdade, por sua vez, conduz a más ações de natureza ainda mais grave.

A faculdade de discernimento espiritual (*buddhi* ou *viveka*) é o único guia que nos habilita a distinguir entre o certo e o errado, e a fazer o que é certo em todas as circunstâncias, ainda que essa atitude nos coloque temporariamente em desvantagem ou até nos cause alguma perda ou sofrimento. Se vivemos de acordo com esse princípio básico da vida espiritual, nos tornamos firmemente estabelecidos no *dharma* ou retidão, e imunes às tendências maléficas. Então, a faculdade de discernimento permanece o tempo todo imperturbável, o que nos permite viver nossa vida livre das ilusões e misérias oriundas das más ações. Por outro lado, se somos indulgentes com a maldade, podemos continuar a prosperar e a ter sucesso em nossas vidas do ponto de vista mundano, mas os efeitos das ações maléficas continuarão a se acumular progressivamente nos reinos invisíveis da Natureza, e virá o dia em que a represa arrebentará destruindo nossa vida. A deterioração em nossa natureza seria muito mais rápida do que é em geral, não fosse o temor de ser denunciado, ou apanhado e punido pela lei que reprime essas tendências até certa medida. A menos que compreendamos o perigo inerente à má conduta e aos maus pensamentos, e nos abstenhamos dessas tendências, continuaremos a nos mover, lenta ou rapidamente, rumo à ruína inevitável (*sarva-nāśa*).

**तरङ्गायिता अपीमे सङ्गात् समुद्रायन्ति ।४५।**

*taraṅgāyitā apīme saṅgāt samudrāyanti*

45. ESSAS TENDÊNCIAS MALÉFICAS, QUE SÃO FRACAS E ATUAM COMO UMA LEVE ONDULAÇÃO NO PRINCÍPIO, ACABAM POR SE COMPORTAR COMO UM MAR TURBULENTO PELA ASSOCIAÇÃO COM PESSOAS MÁS OU COM MAUS PENSAMENTOS E AÇÕES.

Este aforismo expressa e realça sob a forma de uma bela metáfora a verdade exposta no anterior. Muitas tendências más, presentes em estado latente em nossa natureza e que nessa condição permaneceriam, quando sob o impacto de associações maléficas de variadas espécies são estimuladas, assumindo proporções gigantescas. O simples fato de não nos rendermos a elas não nos torna imunes a sua influência. Como a própria potencialidade dessas tendências pode ser destruída, encontra-se descrito com clareza e propriedade nos aforismos II.10, 11 e 33 dos *Yoga-Sūtra-s*.[16]

Boas e más inclinações tendem a ser fortalecidas quando se é indulgente com elas. A devoção é fortalecida por pensamentos e ações que estimulem a devoção,

---

[16] "II-10) Esses, os *(kleśas)* sutis, podem ser reduzidos pela sua reabsorção de volta a sua origem."
"II-11) Suas modificações ativas devem ser suprimidas pela meditação."
"II-33) Quando a mente é perturbada por pensamentos impróprios, a constante ponderação sobre os opostos (é o remédio)." *A Ciência do Yoga*, I. K. Taimni. Editora Teosófica, 2006. (N.E.)

e o mesmo ocorre com as emoções de ira e cobiça. Essa lei natural pode ser utilizada tanto para estimular as boas tendências como para eliminar as más.

**कस्तरति कस्तरति मायां? यः सङ्गं त्यजति यो महानुभावं सेवते निर्ममो भवति ।४६।**

*kas tarati kas tarati māyām? yaḥ saṅgaṃ tyajati yo mahānubhāvaṃ sevate nirmamo bhavati*

46. QUEM ATRAVESSA? QUEM ATRAVESSA O OCEANO DO *SAṂSĀRA*, O MUNDO CRIADO PELA ILUSÃO DE *MĀYĀ*? AQUELE QUE RENUNCIA AO APEGO A OBJETOS E BUSCAS MUNDANOS. AQUELE QUE SERVE FIELMENTE AOS GRANDES SERES. AQUELE QUE SE TORNA ALTRUÍSTA, SEM O SENTIMENTO DO "EU" OU DO "MEU".

Depois de eliminar do caráter as formas mais grosseiras de tendência para o mal, surge a necessidade de seguir adiante, e desenvolver algumas características positivas de natureza mais sutil. Este trabalho só pode ser realizado quando a natureza inferior tiver sido purificada a um grau suficiente e a faculdade de *viveka,* ou discernimento espiritual, começar a funcionar. As três características mencionadas neste aforismo são: desapego, serviço aos Grandes Seres e ausência de egoísmo. É necessário desapego ou libertação dos desejos por objetos e buscas mundanas, porque eles nos atam aos mundos inferiores e impedem a consciência de penetrar nos reinos mais sutis do ser. O serviço aos Grandes Seres aproxima-nos deles e ao realizá-lo aprendemos, pelo seu exemplo, a nos devotar ao trabalho altruístico e a servir ao próximo de acordo com nossa capacidade e circunstâncias. O serviço aos Grandes Seres não significa, necessariamente, assistência às necessidades físicas pessoais dos santos homens, como supõe a grande maioria dos hindus ortodoxos. A necessidade de ser altruísta é óbvia. Aquele que é egoísta é necessariamente autocentrado, com interesses e simpatias limitados a si mesmo ou àqueles que lhe estão próximos ou lhe são caros. Isso impede a expansão de sua consciência, que tem por destino final abranger todo o universo.

**यो विविक्तस्थानं सेवते यो लोकबन्धमुन्मूलयति**
**निस्त्रैगुण्यो भवति यो योगक्षेमं त्यजति ।४७।**

*yo vivikta-sthānaṃ sevate yo loka-bandham unmūlayati nistraiguṇyo bhavati yo yogakṣemaṃ tyajati*

47. (TRANSPÕE O OCEANO DO *SAṂSĀRA*) QUEM VIVE EM RETIRO, QUEM EXTIRPA OS LAÇOS MUNDANOS, QUEM SE ELEVA ACIMA DA INFLUÊNCIA DAS TRÊS GUNAS[17] E QUEM DESISTE DE CONFIAR NAS POSSES MUNDANAS PARA SUA SEGURANÇA

Este aforismo não deve ser tomado em seu sentido literal. O aspirante deve tentar alcançar o espírito que lhe está por trás e tentar viver sua vida de acordo com ele tanto quanto possível. As condições no mundo moderno são tão diferentes do que eram quando o tratado foi escrito que alguns ajustes são inevitáveis e incontornáveis. Levar uma vida espiritual não significa seguir um rígido código de conduta prescrito por um instrutor ou religião, mas viver inteligentemente de acordo com as leis da vida interna, do Espírito, tendo em conta as circunstâncias em que nos encontramos. Isso não significa, entretanto, transigir com o mal. Devemos estar alertas e determinados a distinguir entre o certo e o errado, e a fazer o certo sob qualquer circunstância, mesmo que isso acarrete temporária inconveniência ou prejuízo. Isso não somente assegura que nossa faculdade de discernimento se mantenha límpida, guiando-nos a viver nossa vida cor-

[17] *Gunas* (sânscrito) – qualidades, atributos. A matéria é constituída por três *gunas*: *Sattvas* (harmonia, equilíbrio), *Rajas* (paixão, atividade) e *Tamas* (inércia, apatia). (N.E.)

retamente, como também evita que nos envolvamos em problemas de várias espécies. A ideia de que somos livres para fazer o que quisermos desde que evitemos cair nas garras das leis comuns, é perigosa e indefensável num mundo governado não somente pelas leis físicas, mas também pelas leis morais e espirituais.

**यः कर्मफलं त्यजति कर्माणि संन्यस्यति ततो निर्द्वन्द्वो भवति ।४८।**

*yaḥ karmaphalaṃ tyajati karmāṇi saṃnyasyati*
*tato nirdvandvo bhavati*

48. AQUELE QUE RENUNCIA AOS FRUTOS DAS AÇÕES, QUE DEDICA TODAS AS AÇÕES A DEUS E POR ESSE MEIO SE TORNA LIVRE DA INFLUÊNCIA DOS PARES DE OPOSTOS.

A fim de encontrar Deus, deve-se cultivar um estado da mente no qual não haja perturbação, pela remoção da causa dos distúrbios, que é o apego aos frutos das ações. Sendo nossas ações motivadas pelo desejo, estamos apegados aos seus frutos e somos afetados pelos seus resultados. Não apenas somos afetados pelos efeitos imediatos dessas ações, como produzimos resultados *kármicos*, que são causas de aprisionamento aos mundos inferiores.

A única maneira de evitar essa cadeia de causa e efeito é praticar ações sem qualquer desejo de benefício pessoal, e cumprir nossas obrigações nas circunstâncias em que nos encontrarmos. Esta atitude pode ser desenvolvida pela dedicação habitual de todas as nossas ações a Deus, como tão claramente foi explicado no *Bhagavadgītā*[18].

यो वेदानपि संन्यस्यति केवलमविच्छिन्नानुरागं लभते
।४९।

*yo vedān api saṃnyasyati kevalam avicchin-*
*nānurāgam labhate*

49. AQUELE QUE PÕE DE LADO MESMO AS PRESCRIÇÕES DAS SAGRADAS ESCRITURAS PARA DESENVOLVER UM FLUXO DE AMOR INDIVISO E ININTERRUPTO A DEUS.

Em alguns dos aforismos anteriores é enfatizada a necessidade do cumprimento de nossos deveres mundanos e religiosos quando estamos tentando desenvolver a devoção. Mas chega um momento na vida do devoto, em que sua devoção pode se tornar tão intensa e

---

[18]*Bhagavadgītā* – “o canto do Senhor”. Episódio do *Mahābārata,* o grande poema épico da Índia. Contém um diálogo no qual *Kṛṣṇa e Arjuna,* seu discípulo, têm uma discussão sobre a mais elevada filosofia espiritual. Glossário Teosófico, H. P. Blavatsky. Ed. Ground, 1995. (N.E.)

sua mente tão imbuída de amor, que não lhe é possível atender nem mesmo a seus deveres religiosos. Este estágio da mente, se é real e não meramente imaginado pelo devoto, isenta-o dos deveres tanto religiosos quanto profanos.

स तरति स तरति लोकांस्तारयति ।५०।

*sa tarati sa tarati lokāṃs tārayati*

50. TAL DEVOTO NÃO SOMENTE SUPERA AS ILUSÕES E LIMITAÇÕES DA VIDA HUMANA, COMO TAMBÉM AJUDA OUTROS A FAZÊ-LO, ESTIMULANDO-LHES A DEVOÇÃO A DEUS.

अनिर्वचनीयं प्रेमस्वरूपम् ।५१।

*anirvacanīyaṃ premasvarūpam*

51 . A REAL NATUREZA DO AMOR A DEUS NÃO PODE SER DESCRITA, MAS É UMA QUESTÃO DE EXPERIÊNCIA.

Tudo na Natureza está radicado no Real e se apresenta sob duas formas. Uma é a sua forma externa, visível, pela qual ela encontra expressão nos planos inferiores de manifestação, podendo ser percebida pelos órgãos dos sentidos. Esta é ilusória e depende de circunstâncias externas. A outra é a forma real, essencial, que não pode ser percebida pelos órgãos dos sentidos, mas somente experimentada dentro dos reinos da consciência. As formas externas de amor a Deus, já indicadas em alguns dos aforismos anteriores, são suas expressões ou sintomas produzidos nos mundos físico, emocional e mental, geralmente nos estágios iniciais do desenvolvimento da devoção. Eles desaparecem quando a devoção se torna madura e é experimentada em sua forma real (*svarūpa*) nas profundezas da consciência do devoto.

**मूकास्वादनवत् ।५२।**

*mūkāsvādanavat*

52. COMO O PALADAR DE UMA PESSOA MUDA.

Assim como uma pessoa muda pode sentir o sabor de alguma coisa mas não pode descrevê-lo a outros, assim também o devoto pode sentir a forma intensa e real do amor sem poder descrevê-la a outros.

प्रकाश्यते क्वापि पात्रे ।५३।

*prakāśyate kvāpi pātre*

53. ESSA FORMA REAL E INTENSA DE AMOR A DEUS APARECE POR SI MESMA NUM RECEPTÁCULO ADEQUADO, ISTO É, NO VERDADEIRO DEVOTO.

Não há nada de acidental ou arbitrário na expressão natural e espontânea do amor a Deus num devoto. Quando um indivíduo passou várias vidas cultivando o amor, ele nasce numa determinada vida com a potência e o ímpeto dessa forma acumulados, e assim o amor a Deus surge nele naturalmente, com muito pouco ou nenhum esforço de sua parte. Todos os santos mostraram esse tipo de potencialidade desde tenra idade. Mas às vezes, o *karma* trazido de vidas passadas obsta sua expressão nos primeiros anos e, somente quando esgotado, a casca se quebra e o verdadeiro devoto surge subitamente. Portanto, não vá alguém supor ser incapaz de cultivar o amor a Deus por não o sentir de forma intensa no presente imediato. Que adote os meios adequados e continue seus esforços sem desânimo. Ele não pode saber quando os obstáculos desaparecerão e o amor começará a brotar naturalmente do seu interior. Mesmo que não aconteça nesta vida, uma potencialidade é criada para futuras vidas. Ele também não deve esquecer que Aquele cujo amor procura está sempre presente em seu coração, sendo como é, o próprio Amor. É uma questão de revelação e não de criação de algo.

गुणरहितं कामनारहितं प्रतिक्षणवर्द्धमानमविच्छिन्नं सूक्ष्मतरमनुभवरूपम् ।५४।

*guṇarahitaṃ kāmanārahitaṃ pratikṣaṇa vardhamānam avicchinnaṃ sūkṣmataram anubhavarūpam*

54. ESSA FORMA VERDADEIRA E MAIS SUTIL DE AMOR A DEUS ESTÁ ACIMA DO REINO DAS *GUṆA-S* E DESEJOS MUNDANOS, AUMENTA FIRMEMENTE DE MOMENTO A MOMENTO, FLUI INCESSANTEMENTE, EXISTE NOS REINOS MAIS SUTIS DO SER E É ESSENCIALMENTE DE NATUREZA EXPERIMENTAL.

Este aforismo descreve com muita beleza e eficiência a natureza daquele intenso e sutil amor a Deus, quando se tornou maduro e matéria de experiência nos mais internos reinos do ser. A devoção demonstrativa e acompanhada por violentas emoções, embora uma etapa necessária no desenvolvimento do amor, é um estado inferior. O amor a Deus nasce quando há união da consciência do devoto com a Consciência Divina e desaparece a nítida distinção entre o amante e o Amado, dando lugar a um estado de percepção da não dualidade e bem-aventurança.

**तत् प्राप्य तदेवावलोकयति तदेव शृणोति तदेव चिन्तयति ।५५।**

***tat prāpya tad evāvalokayati tad eva śṛṇoti tad eva cintayati***

55. TENDO ATINGIDO AQUELE ESTADO MAIS ELEVADO DE AMOR A DEUS, O DEVOTO NADA VÊ SENÃO DEUS, NADA OUVE SENÃO DEUS E EM NADA PENSA SENÃO EM DEUS.

É fácil entender o significado deste enigmático aforismo se lembrarmos da inigualável transformação que se opera na mente do devoto, como resultado do atingimento do mais elevado estágio do amor. Há somente uma Realidade, que denominamos Deus, sendo que todas as coisas e cada criatura vivente são expressões dessa Realidade em diferentes formas e em diferentes níveis de evolução. Quanto mais amamos a Deus, mais intimamente o conhecemos, e quanto mais o conhecemos, mais intensamente o amamos. É esse conhecimento e amor a Deus, cada um reforçando o outro, que trazem a unificação da consciência, onde a distinção entre os dois desaparece e é experimentado o mais alto estado de consciência da unidade, proclamada por todos os grandes santos e sábios.

गौणीत्रिधा गुणभेदादार्तादिभेदाद्वा ।५६।

*gauṇī thidhā guṇabhedād ārtādi-bhedād vā*

56. A CATEGORIA SECUNDÁRIA OU INFERIOR DE DEVOÇÃO A DEUS É TRÍPLICE – SEGUNDO A INFLUÊNCIA DAS TRÊS *GUṆA-S* OU DE ACORDO COM OS TRÊS TIPOS DE DEVOTOS.

Os devotos foram divididos em duas categorias principais: aqueles cuja devoção é inteiramente destituída de egoísmo e aqueles que têm algum motivo oculto no fundo de sua mente. Estes últimos foram subdivididos neste aforismo nas três categorias acima mencionadas. A devoção, em qualquer forma, é benéfica ao devoto porque se torna purificada e intensificada naturalmente pela força regenerativa que lhe é inerente. Quanto mais intensa e desinteressada for, mais elevada será sua qualidade e maior será o seu poder de conduzir o devoto a um estado mais próximo a Deus. É para esse fato que chama atenção o aforismo seguinte.

उत्तरस्मादुत्तरस्मात् पूर्वपूर्वा श्रेयाय भवति ।५७।

*uttarasmād uttarasmāt pūrvapūrvā śreyāya bhavati*

57. CADA ESPÉCIE DE DEVOÇÃO É MELHOR OU MAIS EFICIENTE DO QUE A ANTERIOR.

Este aforismo realça em linguagem mais abrangente o que foi explicado no aforismo precedente.

अन्यस्मात् सौलभ्यं भक्तौ ।५८।

*anyasmāt saulabhyaṃ bhaktau*

58. É MAIS FÁCIL ENTRAR EM COMUNHÃO COM DEUS E ENCONTRÁ-LO PELA DEVOÇÃO DO QUE POR QUALQUER OUTRO MÉTODO.

As razões para esta afirmativa são apresentadas nos aforismos seguintes.

प्रमाणान्तरस्यानपेक्षत्वात् स्वयं प्रमाणत्वात् ।५९।

*ramāṇāntarasyānapekṣatvāt svayaṃ pramāṇatvāt*

59. NÃO É NECESSÁRIO PROVAR O QUE ESTÁ DITO NO AFORISMO PRECEDENTE POR QUALQUER OUTRO MÉTODO, PORQUE O RESULTADO DA PRÓPRIA DEVOÇÃO CONSTITUI A PROVA.

Estes resultados são enumerados no próximo aforismo.

शान्तिरूपात् परमानन्दरूपाच्च ।६०।

*śānti-rūpāt paramānanda-rūpāc ca*

60. COMPLETA PAZ DA MENTE E SUPREMA BEM-AVENTURANÇA SÃO INERENTES À PRÓPRIA NATUREZA DA DEVOÇÃO.

Estas são as duas coisas que toda alma deseja para sua felicidade, e elas são inerentes à devoção a Deus.

लोकहानौ चिन्ता न कार्या निवेदितात्मलोकवेदत्वात् ।६१।

*loka-hānau cintā na kāryā niveditātmalokavedatvāt*

61. NÃO DEVE HAVER ANSIEDADE EM RELAÇÃO À DESORGANIZAÇÃO SOCIAL, PORQUE O DEVOTO CONTINUA A CUMPRIR SUAS OBRIGAÇÕES SOCIAIS E RELIGIOSAS, TENDO AS DEDICADO A DEUS, NÃO SENDO POR ISSO AFETADO POR ELAS.

A objeção que se poderia suscitar contra o caminho da devoção é que se as pessoas o seguirem haverá desorganização social. Mas tal temor é absolutamente infundado, porque o devoto é instruído a continuar a cumprir seus deveres religiosos e sociais depois de consagrar todas suas atividades a Deus.

न तत् सिद्धौ लोकव्यवहारो हेयः किंतु
फलत्यागस्तत्साधनं च कार्यमेव ।६२।

*na tat-siddhau lokavyavahāro heyaḥ kiṃtu phala-tyāgas tatsādhanaṃ ca kāriam eva*

62. NO DESENVOLVIMENTO DA DEVOÇÃO NÃO SE DEVE NEGLIGENCIAR OS COSTUMES SOCIAIS MAS, AO CONTRÁRIO, CUMPRI-LOS E, AO MESMO TEMPO, ENTREGAR OS FRUTOS DAS AÇÕES A DEUS.

Este aforismo repete o que foi dito num aforismo anterior em outro contexto.

स्त्रीधननास्तिकचरित्रं न श्रवणीयम् ।६३।

*strī-dhana-nāstikacaritraṃ na śtravaṇīyam*

63. O ASPIRANTE A DEVOTO NÃO DEVE DAR OUVIDOS A CONVERSAS SOBRE SEXO, FORTUNA E CONDUTA DOS DESCRENTES.

Esta determinação deve ser seguida mais em espírito do que literalmente. Se a mente é ocupada com assuntos ligados a sexo, aquisição de bens e doutrinas ateístas, é suscetível a distrair-se e desviar-se do caminho escolhido, qual seja, o do desenvolvimento da devoção a Deus. As tendências modernas corroboram amplamente o que é dito neste aforismo. A mania de sexo, de fazer dinheiro e a propagação ostensiva do ateísmo, andam de mãos dadas com o declínio da fé nos ideais verdadeiramente religiosos e espirituais. São bastante evidentes as desastrosas consequências desse tipo de atitude, que torna a vida humana sem significado e sem propósito, gerando descontentamento e cinismo. Por toda a parte encontramos pessoas empenhadas na busca de objetos mundanos triviais, na esperança de obter deles alguma felicidade efêmera. Internamente, essas pessoas tornam-se cada vez mais desiludidas e insatisfeitas com a vida. Todas as grandes religiões e todos os instrutores espirituais declararam enfaticamente que a verdadeira e permanente felicidade só pode ser encontrada dentro de cada um, porque aí está a fonte de todo o conhecimento, força e bem-aventurança – Deus. Mas ninguém presta atenção a essa mensagem, com resultados inevitáveis.

**अभिमानदम्भादिकं त्याज्यम् ।६४।**

*abhimāna-dambhādikaṃ tyājyam*

64. A PRESUNÇÃO, A ARROGÂNCIA ETC. DEVEM SER ABANDONADAS.

Os aforismos em discussão apresentam algumas das fraquezas da natureza humana, que devem ser eliminadas do caráter a fim de se prover um sólido alicerce para o desenvolvimento da devoção. Essas fraquezas devem ser tomadas somente a título de ilustração, como indica a palavra "etc.", pois há outras características indesejáveis a serem eliminadas. Considerando que as distorções e impurezas produzidas na natureza humana pela perversidade e pela ignorância dos fatos da vida espiritual são incontáveis, não é possível nem necessário enumerá-las e tentar erradicá-las uma a uma. O melhor método para lidar com esse problema é fazer uma séria e detalhada autointrospecção à luz de nossos mais elevados ideais espirituais, e concentrar-se no aspecto positivo do problema como um todo. Os métodos a serem adotados foram discutidos detalhadamente em outros contextos e devem ser estudados e aplicados sistemática, inteligente e persistentemente até que se tenha desenvolvido um caráter com as qualificações requeridas.

**तदर्पिताखिलाचारः सन् कामक्रोधाभिमानादिकं**
**तस्मिन्नेव करणीयम् ।६५।**

*tad arpitākhilācāraḥ san kāma-krodhā-*
*bhimanadikaṃ tasminn eva karaṇīyam*

65. TENDO, DEFINITIVAMENTE, DEDICADO TODAS AS SUAS ATIVIDADES E CONDUTA A DEUS, ELE DEVE MOSTRAR (SE FOR O CASO; SE NÃO PUDER SER EVITADO) DESEJO, RESSENTIMENTO, AUTOAFIRMAÇÃO ETC. SOMENTE PARA ELE (DEUS).

Este é um aforismo enigmático, que pode ser compreendido se lembrarmos que ele apenas expõe um outro aspecto da qualidade mencionada como *ananyatā* no aforismo 9. Nos estágios iniciais do desenvolvimento da devoção a Deus, o devoto não tem completo controle sobre sua natureza inferior e ainda apresenta a tendência a ser dominado por fraquezas, tais como ressentimento, autoafirmação etc. A melhor maneira de lidar com o problema e livrar-se dessas fraquezas é dirigir a Ele todas as emoções. Dessa maneira, o devoto é capaz de dar vazão aos seus sentimentos reprimidos, e, dirigindo sua mente cada vez mais a Deus, desenvolve progressivamente uma relação mais íntima com Ele. Tal é a natureza dessa divina alquimia que, em tais casos, gradualmente, essas emoções indesejáveis se transformam, aumentando a intensidade de sua devoção.

**त्रिरूपभङ्गपूर्वकं नित्यदास्यनित्यकान्ताभजनात्मकं प्रेम कार्यं प्रेमैव कार्यम् ।६६।**

*tri-rūpa-bhaṅga-pūrvakaṃ nityadāsya-niyakāntā bhajanātmakaṃ prema kāryaṃ prema eva kāryam*

66. TENDO CULTIVADO E EM SEGUIDA ULTRAPASSADO A FORMA SECUNDÁRIA DE NATUREZA TRÍPLICE DE DEVOÇÃO A DEUS, O DEVOTO DEVE CULTIVAR ASSIDUAMENTE A FORMA PRIMÁRIA DE DEVOÇÃO, NA QUAL PODE ADOTAR QUALQUER DOS DIFERENTES TIPOS DE ATITU-

DES EM RELAÇÃO A DEUS, TAIS COMO A DE UM SERVO EM RELAÇÃO AO SEU SENHOR OU A DE UMA ESPOSA EM RELAÇÃO AO SEU MARIDO.

O cultivo da devoção é um processo gradual e progressivo, e nos estágios iniciais é inevitável que padeça de defeitos, tais como o egoísmo. Esses defeitos devem ser eliminados sistemática e inteligentemente, a fim de que o devoto possa desenvolver uma devoção pura e perfeita, que sozinha possa produzir a imersão definitiva de sua personalidade no Senhor e a unificação da consciência, referida como realização de Deus.

भक्ता एकान्तिनो मुख्याः ।६७।

*bhaktā ekāntino mukhyāḥ*

67. AQUELES QUE AMAM A DEUS, E SOMENTE A DEUS E NADA MAIS, SÃO SEUS DEVOTOS ORIGINAIS OU REAIS.

A perfeita devoção pode ser adquirida somente por etapas e através de esforços persistentes. Nos raros casos em que um devoto mostre sinais de devoção intensa e sincera desde tenra idade, estamos lidando com almas altamente avançadas que vieram cultivando a devoção e desenvolvendo a consciência espiritual durante uma série de vidas anteriores. Nada na Natureza pode acontecer acidental ou subitamente, ainda que, devido a nossa visão e conhecimento limitados, certos acontecimentos ou revelações assim pareçam.

**कण्ठावरोध-रोमाञ्चाश्रुभिः परस्परं लपमानाः पावयन्ति कुलानी पृथिवीं च ।६८।**

*kaṇṭhāvarodha-romāñcāśrubhiḥ parasparaṃ lapamānāḥ pāvayanti kulānī pṛthiviṃ ca*

68. CONVERSANDO ENTRE SI (A RESPEITO DE DEUS E DE SEUS ATRIBUTOS) COM VOZ EMBARGADA, CABELOS ARREPIADOS E LÁGRIMAS ESCORRENDO PELAS FACES, ELES PURIFICAM SUAS FAMÍLIAS E A TERRA TAMBÉM.

Aqueles que nunca frequentaram círculos em que devotos verdadeiros se reúnem para falar sobre Deus e entoar cânticos sobre ele e seus atributos, não estarão aptos a apreciar o estado de mente cuja expressão externa é descrita neste aforismo. O declínio e desaparecimento gradual do sentimento religioso verdadeiro, mesmo em países como a Índia, onde a religião sempre representou um papel preponderante, fazem com que cenas como as descritas acima se tornem muito raras. Conferências, exposição de doutrinas filosóficas e execução de rituais complexos tomaram o lugar de reuniões nas quais os verdadeiros devotos se encontram para ter a alegria de trocar ideias e sentimentos religiosos e entoar cânticos altamente repletos de emoção por eles despertada.

A verdade é que as religiões e as instituições religiosas divorciaram-se dos reais objetivos religiosos; em vez de cultivarem e promoverem os sentimentos religiosos e a devoção a Deus, em muitos casos, ingressaram no campo dos grandes negócios e tornaram-se meios de fazer dinheiro. Sendo um hindu, permito-me dizer que somos por natureza inclinados à religião, mas nos deixamos ser arrastados pela onda de materialismo e busca de objetivos mundanos, objetos ilusórios de prazer e vaidade humanos que ameaçam engolir o mundo inteiro e destruir o que quer que exista de valor genuíno na vida humana.

Se nós, e o mundo como um todo, iremos compreender o vazio das experiências físicas e psicodélicas e a impossibilidade de nelas encontrar a verdadeira paz e bem-aventurança, é um fato ainda a ser constatado; mas, a menos que isso aconteça, não haverá muita chance para que a real felicidade seja encontrada. Mesmo que um homem, desiludido com os objetos que tem perseguido, faça essa pergunta, sua mente possivelmente não procurará a resposta na religião. Pois, como foi dito acima, o que faz da religião uma fonte de paz e real felicidade acabou por submergir nas formalidades superficiais e na parafernália da vida religiosa.

Há inúmeros *āśrama-s* estabelecidos por toda a Índia, e muitos aspirantes, à procura de verdadeira paz e verdadeira felicidade que somente a religião pode dar, andam de um *āśrama* para o outro em busca de satisfação interior, mas, em geral, verificam que aqueles que dirigem ou presidem esses *āśrama-s* estão mais preocupados com os problemas relativos à administração, do que com os reais objetivos da instituição religiosa. Em todas as esferas da vida religiosa encontramos pessoas que se esqueceram ou ignoram o fato de que a verdadeira fonte de satisfação e progresso religiosos é a Vida Divina oculta em nossos corações, e a menos que entremos em contato com essa Vida, quer individual quer coletivamente, nada do exterior terá qualquer utilidade.

A intelectualização da vida religiosa é a principal responsável pelo decréscimo do interesse do homem comum pela religião. O propósito da verdadeira religião é levar o homem a um relacionamento mais íntimo com Deus. O homem não pode se aproximar de Deus exceto através da devoção e do amor. Sem a devoção e o amor a Deus não pode haver verdadeira felicidade interior ou a mais intensa forma de bem-aventurança que o homem procura na religião. Além do fato de a vida religiosa ter sido intelectualizada, em nossa pretensa sociedade civilizada as emoções passaram a ser consideradas como um sinal de fraqueza e, por isso, hoje as pessoas tendem a ocultar dos outros seus sentimentos religiosos. É difícil para tais pessoas entender ou apreciar o que se procura transmitir nos aforismos que estamos discutindo.

Manifestações externas de verdadeira devoção são expressões de um estado muito mais profundo da mente, existentes nos planos espirituais do ser. Esses planos não somente são invisíveis, mas inacessíveis ao devoto comum. Somente quando sua consciência se desenvolve o suficiente para habilitá-lo ao contato direto com tais planos é que ele se torna consciente do fato de que as manifestações externas são o resultado de uma união mais íntima de sua consciência com a Consciência Divina e do amor e bem-aventurança inerentes a essa união.

**तीर्थीकुर्वन्ति तीर्थानि सुकर्मीकुर्वन्ति कर्माणि सच्छास्त्री-कुर्वन्ति शास्त्राणि ।६९।**

*tīrthī-kurvanti tīrthāni sukarmī-kurvanti karmāṇi sac-chāstrī-kurvanti śāstrāṇi*

69. ELES CONFEREM SANTIDADE AOS LUGARES SAGRADOS, DÃO ÀS AÇÕES O CARÁTER DE

DIGNIDADE, ELEVAM SIMPLES ESCRITOS À CATEGORIA DE ESCRITURAS SAGRADAS.

Como os lugares atualmente considerados locais sagrados de peregrinação adquiriram sua sacralidade? Pelo fato de terem ali vivido homens santos que atingiram a união com Deus pela devoção. De que maneira pessoas comuns aprenderam a praticar atos meritórios sob o ponto de vista religioso? Pelo exemplo dos santos homens que viveram em comunhão com Deus. Como certos escritos adquiriram a categoria de escrituras? Pelo fato de terem sido escritos por aqueles que tentaram encontrar Deus através da devoção e tiveram sucesso em seus esforços. Todas as escrituras sagradas são registros da vida, experiências, ideias e prescrições dos santos homens que chegaram à união íntima com Deus e se transformaram em santos e sábios, erguendo indivíduos e comunidades a um nível mais elevado de moralidade e espiritualidade.

**तन्मयाः ।७०।**

*tanmayāḥ*

70. ELES ESTÃO CIENTES DA PRESENÇA DE DEUS EM TODA PARTE E O TEMPO TODO, EM

SEU INTERIOR E AO SEU REDOR.

Uma vez que existe somente a Realidade Una e tudo que existe é sua expressão, quem quer que se aperceba dessa Realidade se encontra impregnado dela. Esse estado permanece enquanto a dualidade estiver presente, isto é, enquanto a pessoa se vê separada de Deus, apesar de una com ele em essência. Há, porém, um estágio posterior e final no qual essa dualidade desaparece e a união entre o devoto e Deus é tão perfeita que o devoto não consegue distinguir sua consciência da de Deus. De acordo com a tradição hindu, a maioria dos devotos, ou *bhakta-s,* prefere permanecer no reino do dualismo para que possa gozar a bem-aventurança inerente ao intenso amor a Deus. Esta ideia se baseia na concepção errônea do estado não dual, pois, ainda que possa não haver amor, no sentido que o entendemos, quando aquele que ama e o objeto de seu amor se tornam um, a experiência do ser imerso no Oceano de Amor e Bem-aventurança deve ser certamente de natureza mais delicada que o amor de um indivíduo isolado em relação à Alma Suprema denominada Deus. Mas essas questões referem-se a experiências nos planos mais elevados e não há utilidade em discuti-las com nossas limitadas experiências de amor e felicidade.

मोदन्ते पितरो नृत्यन्ति देवताः सनाथा चेयं भूर्भवति ।७१।

*modante pitaro ṇrtyanti devatāḥ sanāthā ceyam bhūr bhavati*

71. QUANDO UM DEVOTO QUE ENCONTROU DEUS ESTÁ PRESENTE NESTA TERRA, AQUELES QUE PASSARAM PARA OS REINOS SUPERFÍSICOS DEPOIS DA MORTE E OS SERES CELESTIAIS VIVENDO NAQUELES PLANOS TAMBÉM SE REJUBILAM, E MESMO ESSA TERRA FÍSICA (QUE SE DIZ TER UMA ALMA) SENTE-SE SEGURA.

As ideias apresentadas neste aforismo são típicas da tradição hindu, e aqueles que não estão familiarizados com ela encontrarão dificuldades para compreender o seu significado. A ideia fundamental é que quando um devoto a Deus que atingiu a Autorrealização está presente entre os homens nesta Terra, não somente aqueles que entram em contato com ele no plano físico são beneficiados, como também os que vivem nos planos superfísicos. A consciência de um *Mahātmā* abrange também os planos superfísicos e ele é capaz de ajudar também os habitantes destes planos. Toda a Natureza se rejubila, e mesmo aquelas coisas que supostamente não são capazes de pensar e sentir experimentam uma forma misteriosa de exaltação como resultado da descida da Vida Divina.

नास्ति तेषु जातिविद्यारूपकुलधनक्रियादिभेदः ।७२।

*nāsti teṣu jāti-vidyā-rūpa-kula-dhana-kriyādi-bhedaḥ*

72. ENTRE OS VERDADEIROS DEVOTOS A DEUS NÃO PODE EXISTIR DISTINÇÃO DE COMUNIDADE, INSTRUÇÃO, APARÊNCIA, FAMÍLIA, FORTUNA, ATIVIDADE OU COISA PARECIDA.

O mundo manifesto é um fluxo de fenômenos com diferenças e distinções de variedade infinita. Aqueles que não veem Deus em tudo e tudo em Deus são afetados por essas distinções e sentem-se separados dos demais, podendo até mesmo tender a se considerarem superiores a eles. Qualquer espécie de superioridade, tal como fortuna ou instrução, pode constituir uma razão para se considerarem acima dos outros. Um oficial se considera superior aos seus subordinados, ainda que moral e espiritualmente ele possa ser inferior a muitos deles. Um homem rico, que vive uma vida confortável, ou mesmo de luxo, geralmente menospreza seus irmãos menos afortunados, que mal conseguem sobreviver. Essas distinções, presentes nas mentes de homens comuns, são resultado das várias espécies de ilusões de que sofrem, sendo a principal delas a de que eles são seus corpos e não o Espírito que usa o corpo como um instrumento no plano físico. Aqueles que estão conscientes da Vida Divina se manifestando através de todos os seres humanos não podem ser afetados por tais distinções.

**यतस्तदीयाः ।७३।**

*yatas tadīyāḥ*

73. PORQUE ELES VEEM TODOS OS SERES HUMANOS, MAIS QUE ISSO, TODAS AS CRIATURAS VIVAS, COMO EXPRESSÕES E MANIFESTAÇÕES DA VIDA DIVINA (QUE PERMEIA TUDO E ESTÁ PRESENTE EM SUA PLENITUDE NO CORAÇÃO DE TODO SER HUMANO).

Nas mentes daqueles que encontraram Deus não há distinções como as mencionadas no último aforismo. Este não é um mero ideal espiritual inatingível a ser perseguido. Foi exemplificado pelas vidas de todos os grandes santos, sábios e instrutores espirituais nesta Terra, que vieram para dar a mensagem essencial sobre o destino divino do homem, que é se conscientizar da sua própria natureza divina.

Esses dois aforismos também fornecem alimento para reflexão àqueles que professam a fraternidade do homem como um ideal a ser perseguido. Somente aqueles que estão cientes da Vida Divina no homem podem praticar a fraternidade em seu verdadeiro sentido. Outros, que não estão conscientes da unidade de toda a Vida, mas a sentem e por isso se devotam seriamente ao trabalho de ajudar outras pessoas de todas as maneiras possíveis e de aliviar seu sofrimento, estão trilhando a senda que conduz à verdadeira fraternidade. Aqueles que apenas proclamam a fraternidade, mas não estão conscientes da unidade, nem tem verdadeira simpatia ou compaixão pelas criaturas vivas, não sabem o que significa a fraternidade, mesmo que estejam a ministrar ensinamentos a respeito e a escrever livros versando sobre a unidade da humanidade.

Há uma grande diferença entre a fraternidade ideológica e a verdadeira fraternidade. A primeira é baseada na teoria de que os seres humanos devem estar ligados numa comunidade, ainda que isso implique em crueldade, destruição em grande escala e violação das leis morais. Aqueles que juraram pela "fraternidade" na revolução francesa enviaram milhares de pessoas inocentes à guilhotina. Essa espécie de fraternidade artificial, criada para a obtenção de uma finalidade política ou social, é uma mera bandeira ideológica e é geralmente violada ao ser praticada e promovida.

A verdadeira fraternidade, por outro lado, não é uma teoria, mas um fato de experiência direta da unidade de toda a vida. Ela existe eternamente como um fato da Natureza, na plenitude do universo manifestado, ainda que possivelmente ninguém a reconheça ou pratique. A única maneira de promovê-la é aumentar gradualmente o número daqueles que se tornem cônscios da unidade de toda a vida, ou pelo menos comecem a senti-la. Este pode ser um processo lento, mas trará à existência um grupo humano que transformará a civilização, natural e rapidamente, de acordo com os ideais espirituais. Considerando o que um grande santo ou um Instrutor do Mundo pode fazer pela elevação dos homens, pode-se imaginar o que alguns milhares de devotos podem realizar.

**वादो नावलम्ब्यः ।७४।**

*vādo nāvalambyaḥ*

74. NO DESENVOLVIMENTO DA DEVOÇÃO O DEVOTO NÃO DEVE DEPENDER DE DISCUSSÕES VÃS SOBRE A EXISTÊNCIA OU ATRIBUTOS DE DEUS.

बाहुल्यावकाशत्वादनियतत्वाच्च ।७५।

*bāhulyāvakāśatvād aniyatatvāc ca*

75. PORQUE DISCUSSÕES VÃS E CONVERSAS SOBRE DEUS PODEM CONTINUAR INDEFINIDAMENTE, SEM NUNCA SE CHEGAR À VERDADE INDUBITÁVEL.

Nunca poderemos chegar à verdade discutindo, lendo ou ouvindo palestras. É uma questão de experiência e não de discussão, como é o caso de outros problemas da vida. Essas palavras devem servir como uma advertência àqueles que dependem completamente de conferências, leitura e discussão para a solução de problemas da vida espiritual. Tais coisas não podem ser evitadas completamente, porém, tão logo o aspirante adquira conhecimento adequado, deve concentrar suas energias e capacidades para seguir o caminho e praticar os métodos que levam à realização pela experiência direta.

भक्तिशास्त्राणि मननीयानि तद्बोधकर्माणि करणीयानि ।७६।

*bhaktiśāstraṇi mananīyāni tadbodhakarmāṇi karaṇīyāni*

76. TRATADOS SOBRE DEVOÇÃO E MÉTODOS PARA SEU DESENVOLVIMENTO DEVEM SER OBJETO DE ESTUDO E REFLEXÃO, E AS OBSERVÂNCIAS E MÉTODOS NELES PRESCRITOS DEVEM SER PRATICADOS REGULARMENTE.

सुखदुःखेच्छालाभादि त्यक्ते काले प्रतीक्षमाणे क्षणार्द्धमपि व्यर्थं न नेयम् ।७७।

*sukka-duḥkhecchā-lābhādi tyakte kāle pratīkṣamāṇe kṣaṇārdham api vyarthaṃ na neyam*

77. ABANDONANDO O PRAZER, A DOR, O DESEJO, O LUCRO ETC., ESPERANDO PACIENTEMENTE QUE A DEVOÇÃO SE DESENVOLVA OU APAREÇA AO LONGO COM O CORRER DO TEMPO, O ASPIRANTE NÃO DEVE DEIXAR PASSAR NEM MESMO UM MOMENTO INUTILMENTE.

Este aforismo dá ao aspirante uma ideia da atitude e da vida que ele deve adotar em seu esforço para desenvolver a devoção. Em primeiro lugar, ele deve eliminar de sua mente todas as coisas que tendem a distraí-la e atraí-la a objetos mundanos. Em segundo lugar, ele deve adotar uma atitude de infinita paciência em sua autodisciplina, e não desanimar se os resultados não aparecerem rapidamente. Isso somente é possível se ele tiver confiança irrestrita nos métodos que está seguindo e na compaixão e orientação do Senhor. Por último, sendo o desenvolvimento da devoção uma questão de gerar força, é necessário despender tanto tempo quanto possível nesses exercícios, que a desenvolvem e elevam seu potencial a um grau adequado.

**अहिंसा-सत्य-शौच-दयास्तिक्यादि-चारित्र्याणि परिपालनीयानि ।७८।**

*ahimsā-satya-śauca-dayāstikyādi-cāritryāṇi paripālaniyāni*

78. INOFENSIVIDADE, VERACIDADE, LIMPEZA, BONDADE E OUTRAS VIRTUDES REQUERIDAS, OU TRAÇOS DE CARÁTER, DEVEM SER ADOTADOS E CULTIVADOS PELO ASPIRANTE À DEVOÇÃO.

Já foram prescritos em alguns dos aforismos anteriores alguns traços de caráter e atitudes que devem ser cultivados. O estudante verá que todas as virtudes mencionadas correspondem aos dois *aṅga-s*[19] do *Yoga*, de-

[19]*Anga* (sânscrito): membro, parte, elemento. (N.E.)

nominados *yama*[20] e *niyama*[21].

Há dois pontos que o aspirante deve ter sempre em mente. Primeiro, o cultivo da devoção, ou qualquer outra forma de desenvolvimento de nossas potencialidades espirituais, não é possível sem uma rigorosa autodisciplina, que deve ser seguida até que o estado da mente e o modo de vida requeridos tenham sido atingidos. Segundo, esses traços de caráter ou virtudes a serem desenvolvidas não podem ser enumerados, definidos e formulados num rígido código de conduta. Os problemas de nossa vida devem ser inteligentemente encarados como um todo, e o aspirante deve ter em vista a criação do estado da mente e atitudes essenciais a uma verdadeira e dinâmica vivência espiritual. Este ponto já foi discutido em outros contextos.

**सर्वदा सर्वभावेन निश्चिन्तैर्भगवानेव भजनीयः ।७९।**

*sarvadā sarvabhāvena niścintair bhagavān*
*eva bhajanīyaḥ*

79. SOMENTE O SENHOR DEVE SER LEMBRADO CONSTANTEMENTE E SEM QUALQUER AN-

[20]*Yama* (sânscrito): refreamento, comedimento: não violência, verdade, não roubar, castidade e desapego. (N.E.)

[21]*Niyama* (sânscrito): purificação corporal e mental pela limpeza, contentamento, mortificação, estudo e devoção ao Senhor. (N.E.)

SIEDADE, E A DEVOÇÃO DEVE SER A ELE DIRIGIDA O TEMPO TODO, COM QUALQUER ATITUDE QUE O DEVOTO SE SINTA INCLINADO A ADOTAR.

O objeto da devoção é a Realidade ou Deus, que inclui e abrange todas as coisas e todo poder em manifestação. Assim, qualquer atitude adotada para dirigir a devoção a ele é apropriada e eficiente para a obtenção de uma resposta. Nas escrituras hindus, como o *Bhāgavata*, é dito que mesmo se um indivíduo dele se aproxima numa atitude hostil, acaba por adquirir libertação das ilusões e limitações da vida mundana, pois a resposta do Senhor do Amor e Compaixão só pode ser de compaixão, e esta, aos poucos, vai produzindo uma transformação no indivíduo. Mas não há razão para que alguém, desejando se aproximar dele, deva adotar qualquer outra atitude que não seja a de devoção e completa confiança nele.

**स कीर्त्यमानः शीघ्रमेवाविर्भवत्यनुभावयति भक्तान् ।८०।**

*sa kīrtyamānaḥ śīghram evāvirbhavaty anubhāvayati bhaktān*

80. SENDO INVOCADO COM SINCERIDADE, ELE SE REVELA SEM A MENOR DEMORA E EN-

CHE SEUS DEVOTOS COM SUA INFLUÊNCIA OU PRESENÇA.

Este é um aforismo muito importante desde que compreendamos o seu profundo significado. A primeira coisa que devemos procurar apreender é que, invocando a Deus, não estamos nos aproximando de uma pessoa comum com uma mente cheia de preconceitos e predileções, de um lado, e de interesses pessoais e fraquezas, de outro. Todos esses fatores determinam a resposta de um indivíduo comum, e o resultado é até certo ponto incerto e imprevisível. Mesmo quando favorável, a resposta somente pode ser finita e determinada pelas limitações do indivíduo. Mas em Deus tais limitações não existem, pois ele é aquela Realidade onipenetrante, que tudo contém, fora da qual nada pode existir. Ele não só é a fonte infinita de tudo, mas está presente em seu completo esplendor, sabedoria, amor e poder, em forma potencial, por trás da consciência de toda Mônada individual, como foi explicado em o *Homem, Deus e o Universo*.[22] Quando uma coisa já está presente em sua forma potencial, ela pode vir a se manifestar, desde que saibamos como fazê-lo. Uma tremenda quantidade de energia física está presente na pólvora, mas para um indivíduo que não sabe como li-

---

[22] Taimni, I K. *O Homem, Deus e Universo*. Ed. Pensamento. (N.E.)

berar essa energia, ela é apenas um pó preto inerte. Por outro lado, alguém que saiba, pode liberar essa energia inflamando a pólvora, produzindo os mais espetaculares resultados com finalidades tanto construtivas como destrutivas.

O segundo ponto que devemos notar ao apreendermos o significado deste aforismo, é que Deus não é apenas a fonte infinita de tudo na manifestação, mas também, a própria essência da consciência em que todos os atributos Divinos estão presentes em sua infinita variedade e grau de intensidade – atributos como o amor, poder, compaixão e capacidade de responder ao apelo dos necessitados e devotados. Aos necessitados que lhe pedem auxílio, ele dá o que necessitam. À medida que a evolução prossegue e as potencialidades espirituais ocultas na Mônada começam a se tornar ativas, a natureza das necessidades e coisas solicitadas pela Mônada vão mudando, tornando-se cada vez mais refinadas e menos egoístas. Finalmente, quando a mais elevada espécie de sabedoria substituiu a ignorância do homem comum, como resultado desse progressivo refinamento, o devoto deseja somente Deus e não algo que Deus lhe possa dar. Ainda que o devoto saiba que encontrando Deus ele tudo encontrará, não é para encontrar a fonte de todas as dádivas que ele o procura. Puro e autêntico amor a Deus é o único motivo da busca, e é somente assim que Deus aparece. Essa espécie de atitude e pureza de motivação estão implícitas na palavra sânscrita *kīrtyamānaḥ*.

Para entender a forma pela qual a resposta divina surge, quando Deus é invocado com a motivação pura de amor, devemos captar o significado sutil das duas palavras sânscritas *āvirbhavah e anubhavah*. A primeira palavra, que literalmente significa "revelação", não pode, no presente contexto, significar uma aparência externa, pois Deus não tem forma, sendo uma Realidade que tudo penetra. Ele não pode ser percebido pelos órgãos dos sentidos, mas somente por uma experiência interna no reino da consciência, transmitida pela palavra *anubhavah*. De acordo com a doutrina Oculta, o Centro da consciência através do qual a mente de toda Mônada funciona, é concêntrico com o *Mahābindu*, o Grande Centro através do qual a Mente e a Consciência Divinas funcionam. Ainda que a mente individual e a Mente Divina funcionem através do mesmo Centro, existe uma barreira subjetiva entre as duas, que impede que a mente individual se conscientize do que está presente na Mente e Consciência Divinas. O decréscimo gradual e a remoção final desta barreira é o objetivo último de todos os sistemas de *Yoga* e cultura espiritual, e o êxito no atingimento desse objetivo é o que se denomina Autorrealização.

O fato importante realçado neste aforismo é que apesar dessa barreira subjetiva entre a consciência do homem e Deus poder ser removida aos poucos pelo longo e árduo processo da autodisciplina, que pode durar diversas vidas de intenso esforço, é possível para Deus removê-la a qualquer tempo, unindo a consciência do aspirante a sua própria, dando-lhe assim inigualável e inimaginável visão de sua Natureza Divina. A barreira subjetiva que existe entre os dois, é criada pelo Poder Divino, referida como *māyā*[23]. Aquele que tem o poder para criar a barreira tem também o poder para removê-la quando quiser.

Que força é essa que compele mesmo Deus a exercer esse extraordinário poder? Amor. Nada senão o puro e generoso amor na forma de intensa devoção pode operar este milagre, e eis por que a devoção é geralmente considerada como o mais eficiente meio de encontrar Deus. É verdade que o cultivo dessa espécie de intensa devoção não é fácil. Mas se e quando presente, é infalível em sua efetividade. O próximo aforismo enfatiza a importância do cultivo da devoção de uma maneira incomum.

---

[23] "*Māyā* (sânscrito) – Ilusão. O poder cósmico que torna possíveis a existência fenomenal e as percepções da mesma. Segundo a filosofia hindu, apenas aquilo que é imutável e eterno merece o nome de realidade; tudo aquilo que é mutável, que está sujeito a transformações por decaimento e diferenciação e que, portanto, tem princípio e fim, é considerado como maya: ilusão." Glossário Teosófico, Helena P. Blavatsky. Editora Ground, 1995. (N.E.)

त्रिसत्यस्य भक्तिरेव गरीयसी भक्तिरेव गरीयसी ।८१।

*tri-satyasya bhaktir eva garīyāsī bhaktir eva garīyasī*

81 . QUE O AMOR [OU DEVOÇÃO A DEUS] PESA MUITÍSSIMO MAIS [OU É MUITÍSSIMO MAIS QUERIDO] PARA DEUS ERA, É, E SEMPRE SERÁ UMA VERDADE.[24]

Muitos aspirantes que consideram tais afirmativas como expressões de preconceito para com os métodos espirituais daqueles que têm um temperamento emocional devem ponderar sobre essa questão profundamente. Eles não compreendem adequadamente a qualidade intrínseca do amor em fundir a consciência do amante com a do Amado. Quando o amado é Deus, cuja resposta ao apelo de amor é infalível e ilimitada, não pode haver dúvida quanto à eficácia da devoção. Aqueles que pensam de outra forma esquecem que o desenvolvimento da devoção não é o verdadeiro problema da vida espiritual. O problema é que não queremos encontrar Deus, ou porque não estamos ainda desenvolvidos espiritualmente, ou porque nossa mente

---

[24] No original em inglês: त्रिसत्यस्य *that which was, is, and will always remain true* (o que era, é e sempre permanecerá verdadeiro): भक्तिः *love of God* (amor a Deus) एव *alone* (exclusivamente) गरीयसी *is greater, weightier, more important.* (é maior, mais pesado, mais importante). *"That love weighs most with God, the truth that was, is and will always be".*

está tão ocupada com assuntos mundanos que nela não sobra lugar para Deus.

Informações sobre Teosofia e o Caminho Espiritual podem ser obtidas na Sociedade Teosófica no Brasil no seguinte endereço: SGAS - Quadra 603, Conj. E, s/nº, CEP 70.200-630 Brasília, DF. O telefone é (61) 3226-0662. Também podem ser feitos contatos pelo telefax (61) 3226-3703 ou e-mail: st@sociedadeteosofica.org.br - www.sociedadeteosofica.org.br.